서른 즈음,
어른이란 길목에서

서른 즈음, 어른이란 길목에서

초판 1쇄 발행 2022년 11월 24일

지은이 김하종
디자인 김하종

펴낸곳 오늘, 잇다

인스타그램 @under._.paper
이메일 hajongkim20@gmail.com
브런치 https://brunch.co.kr/@hajongkim20

Copyright ⓒ 김하종, 2022
이 책의 저작권은 김하종과 기후정의 실현을 위한 재기발랄 지역청년 네트워크 '오늘, 잇다'에 있습니다.

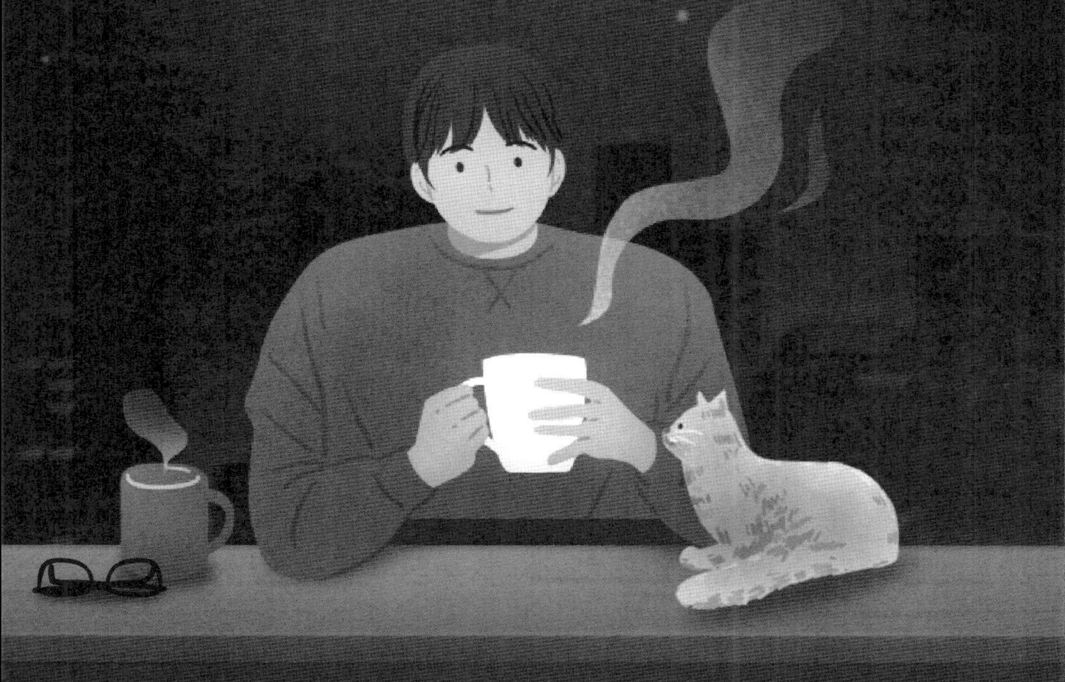

서른, 어른이 된다는 건 무엇일까?
제대로 나이먹는다는 것에 대한 인생견문록

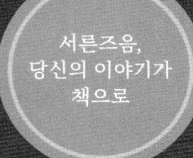

서른즈음,
당신의 이야기가
책으로

* 판매 수익의 일부는 강원지역 청년들의 재기발랄한 '기후행동'을 지원합니다.

목   차

[프롤로그]
서른 살, 이립(而立) : 마음이 확고하게 도덕 위에 서서 움직이지 않는 나이

1부. 삶과 사랑
사랑삶
만남
별1
별2
별3
탈법칙
사랑한다는 말
사랑할 줄 아는 사람
아침편지
노을, 벗
웃음꽃
첫눈
훗날의 추억

2부. 민중과 함께, 민중을 위하여
시는 무기다
반성문 - 어느 비정규직 청년 노동자의 죽음에 부쳐
옆자리별
할머니의 바다
한반도의 8월
죽음, 그 너머 분단
통일路 평화로
고개숙인 者
아무도 말해주지 않아도
2020년, 만우절
결코 돌아갈 수 없다

3부. 서른 즈음, 인생길을 따라 걷다.
1. 넌 꿈이 뭐니?
2. 대체 하종씨 직업은 뭐에요?
3. 하루 내내 누워서 잠만 자고 싶어
4. 어머니의 어긋난 사랑
5. 죽음, 그 너머 찾아온 사랑
6. 뜨거웠던 콩나물국의 추억
7. 차가웠던 수갑의 감촉
8. 10월 29일, 우리는 그날을 떠올릴 수 밖에 없었다.
9. 선생님을 닮은 스승이고 싶었습니다.
10. 한 여름날, 비가 쏟아지던 날 반지하에서

4부. 우리에게 '한국의 그레타 툰베리'는 필요 없다.
1. 인간이 활동을 멈추자 지구에게 생긴 일
2. 코로나19가 기후변화 때문이라고?
3. 지구온난화, 그거 거짓말 아니었어요?
4. 엎질러진 온실가스는 주워 담을 수 없어요.
5. 지구의 온도가 1도씩 오르면 지구는 어떻게 될까?
6. 하나뿐인 지구에서, 더 이상 도망갈 곳은 없어요!
7. 먹고 살기도 바쁜데 무슨 환경을 신경 써요?
8. 정의로운 전환, 기후변화 말고 체제변화를
9. 일주일에 한 번 완전 채식을 하는 이유
10. 헌법상 6대 국민의 의무 중 하나가 환경보전?
11. 언제 죽을지도 모르는데 불이나 잘 끄고 다니라고요?
12. 한국의 그레타 툰베리가 필요하신가요?
13. 세계는 지금 기후위기와 전쟁 중
14. 한국의 청년, 대학생이 나서다.
15. 강화도조약 보다도 모르는 파리기후협약
16. 지구적으로 사고하고 지역적으로 행동하라!

[에필로그]
켜켜이 쌓인 글똥을 끝까지 읽은 당신에게 보내는 글

[프롤로그]

서른 살, 이립(而立) :

마음이 확고하게 도덕 위에 서서 움직이지 않는 나이

한국 사회를 살아가면서 종종 듣게 되는 기분 나쁜 말이 있습니다. 바로 "너 몇 살이니?"입니다. 대뜸 나이부터 묻는 그들을 볼 때면 생각에 잠기곤 합니다. 과연 나이를 먹는다는 건 무엇일까?

단순히 오래 살았다는 이유만으로는 '어른 대접'을 받기를 바라는 충분한 이유가 되지는 못합니다. 진짜 어른이 된다는 건 무엇일까요? 서른 즈음, 어른이란 길목에서 지난 30년의 인생길을 따라가 보았습니다.

이십 대는 법적 성인이었지만 학생이라는 이유로, 아직은 어리다는 이런저런 이유로 의지하고 싶어지기도 하고, 아직은 어른이 아니라고 부정하고 싶을 때도 많았습니다. 그런데 삼십, 서른 즈음이라는 이 시기가 주는 또 다른 무게감이 있더군요. 이제는 조금씩 진짜 어른이 될 준비를 하기 시작해야 할 것 같은 기분이 듭니다.

어느 순간부터 산을 오르는 일이 싫었습니다. 왜 자연 풍경을 보러 굳이 산까지 올라가야 하느냐는 생각 때문에 말이죠. 한때 언덕을 오르며 무거웠던 군장의 무게가 어깨를 짓누르던 기억을 굳이 떠올리지 않더라도 말이에요.

어느 날은 같이 산에 가보자는 친구들의 제안에 굳이 천혜의 자연을 찾아 산에 오를 것이 아니라 무분별한 개발로 하도 나무를 베어대는 산 아래의 모습을 바꿔야 하지 않겠느냐는 괜한 핑계를 대보곤 했습니다.

그러다 서른 즈음 우연히 산을 다시 오를 일이 생겼습니다. 능선을 따라 걸으면 가끔 내리막길이 나오기도 했죠. 내리막길이 무서운 이유는 다시 올라가야 하기 때문이에요. 내려오면서부터 다시 오를 생각에 한숨부터 나오죠.

어쩌면 다시 올라가지 못할지도 모른다는 두려움 때문일지도 모르겠습니다. 계속 걷다가 다리에 힘이 풀려 주저앉아버리면 어쩌지? 아니면 발목이 접질려 제대로 걷지 못하면 어쩌지?

궁금했습니다. 왜 사람들은 어차피 다시 내려와야 하는데, 그렇게까지 정상으로 기를 쓰고 오르려 할까? 또 어떤 사람들은 탄탄대로로 잘 닦인 평지만 따라서 걸으면 참 좋을 텐데 왜 오르락 내리락 그 고생을 사서 하는 걸까?

앞에 주어진 길을 따라 잘 걷기만 하면 되는데 왜 굳이 구불구불하고 들쭉날쭉한 설악산 공룡능선 같은 곳을 찾아 오르려고 하는 걸까?

> "우리는 산을 싫어했던 것이 아니라
> 그저, 내려오는 것이 무서웠던 것일지도 모른다."

단순히 산을 오르내리는 이야기를 하려는 것은 아니에요. 이것은 우리의 인생살이, 성공과 좌절, 실패와 도약에 관한 이야기죠. 누군가는 남들이 다들 부러워하는 직업을 갖고 소득을 벌면서도 더 나은 삶을 찾겠다며 사직서를 집어 던지는가 하면, 또 다른 누군가는 대학 4년 내내 전교 1등을 하고 장학금 한 번 놓친 적이 없었는데도 매 순간 불안해하면서 시험 기간만 되면 밤을 새우는 걸까요?

인생은 오르막과 내리막의 연속입니다. 우리는 오르막길이 있으면 조만간 내리막길이 나오겠다는 사실을 본능적으로 알죠. 또 내리막길을 내려가다 보면 언젠가 다시 오를 날이 오겠다는 생각도 해요.

하지만 이러한 인생의 진리를 깨닫기까지는 많은 시간이 필요하거니와 머리로는 알고 있다고 해도 마음까지 온전히 받아들이는 데까지는 힘이 듭니다. 올라가고 있을 때는 한없이 오를 것만 같다가도 내려가고 있을 때는 끊임없이 바닥까지 내려갈 것 같은 기분이 들기도 하니까요.

산을 오르고 내리다 문득, 어른이 된다는 건, 흔들리지 않는 것일지도 모르겠다고 생각했어요. 아니, 흔들릴 수 있다는 사실을 제대로 아는 것일지도 모르겠어요.

어른이 된다는 건, 힘들 때는 힘든 대로, 할 수 있는 최선을 다하고 성공 가도를 달리고 있을 때는 너무 빨리 달리다가 혹시나 놓치는 것은 없는지 잠시 멈춰 주위를 살필 여유를 가질 수 있는 사람, 주어진 상황에 개의치 않고 일희일비하지 않으며 꾸준히 자기 삶을 개척할 수 있는 사람, 오르막일 때나 내리막일 때나 앞만 보고 내달리지 않고 한 번쯤 뒤도 돌아보고 주변 사람을 함께 챙겨 같이 나아갈 수 있는 사람은 아닐까?

또 뒤에 있을 때는 밀어주고 앞에서는 끌어줄 수 있는 사람. 혼자만 잘났다고 뻗대지 않고 어려울 땐 홀로 외롭게 깊어지지 않고 도움을 청할 수 있는 사람. 어른이 된다는 건, 그런 사람이 되는 것은 아닐까요?

인생을 살아가면서 그런 사람들을 흔히 만날 수 있다면 새로운 도전을 하고 또 실패하는 일이 조금은 덜 무섭지는 않을 것 같아요.

그런 사람들과 함께 사는 세상이라면 인생이라는 길이 조금은 안전하고 여유로울 수 있지 않을까요? 어린 시절, 나는 산을 오르는 것이 싫었던 것이 아니라 어쩌면 그냥 좌절하고 넘어지는데 연습이 조금 필요했을 뿐이었습니다.

그렇게 지난 30년을 흔들려왔고, 흔들리며 수많은 사람을 만나 함께 사는 법을 배워왔습니다. 지금부터 써 내려갈 이 기록은 지난 30년간, 나의 인생길을 따라 끊임없이 이리저리 흔들리며 마음의 중심을 잡아 왔던 기행문이라 할 수 있습니다.

그리고 그 여정 속에서 만나 서로 손 내밀고 손 맞잡으며 지금까지 잘 살아내 준 우리 모두를 위로하며 보내는 헌사입니다.

1부.
삶과 사랑

삶과 사랑 그리고 사람은 본디 하나였다.

사랑, 삶

삶을 사랑해 본 사람이어야
사랑하는 삶을 살 수 있고

사랑하는 삶을 살 줄 아는 사람이어야
비로소 삶을 사랑할 수 있다.

사랑과 삶 사이에서
오직 사람만이 해낼 수 있기에

사람과 사람 사이에서
오직 사랑삶만을 살고 싶다.

만남

어제는 우연이
어쩌면 서로가 만든 필연이
우리를 오늘로 데려왔겠지

오늘은 심장이
어쩌면 수줍게 내민 손등이
당신을 내게로 데려왔겠지

내일도 편지로
어쩌면 글로, 나의 언어로
너에게 한걸음 다가가겠지

아마도
처음 본 어느 순간부터
어쩌면
함께 한 모든 순간까지

어제보다 오늘 더
오늘보다 내일 더
그렇게 우리는 사랑하겠지

별1

별은
누가 뭐라 해도
그 자체로 빛난다.

남들과 다르다하여
별이 아닌 것은 아니다
그저 별은 별일뿐.

잠시 지나치는 이들이
너무 밝다고, 어둡다며 제 아무리 휘둘러도
그건 그냥……
그들이 지닌 마음의 거리 때문일 뿐.

구백아흔아홉사람은 세상사람들이 바라보는대로
너를 바라볼 것이다.
하지만 언제나 너의 영원한 친구로 곁에 있고 싶다.

키플링이 말하는 천 사람 중 한 사람이고 싶다.
세상 모두가 너에게 돌을 던진다고 해도.

너는

누가 뭐래도

그 자체로 빛나는 너이니까.

별2

그 곳의 별은 어떤가요?
이 곳의 별은 희미하다 못해
을씨년스럽기까지 하네요.

그 옆에 홀로 떠 있는 달님은
밝은 미소로 이야기했어요
내가 당신을 밝게 비춰줄게요.
사랑해요.

그런데 별은 뒷걸음치며
씁쓸한 미소를 짓고 있어요
고마워요.

달님이 밝아질수록
별은 점점 숨기만 하네요.

그 곳의 당신은 잘 지내나요?

별3

어둠이 찾아오고
달이 힘을 잃으니
널 닮은 아이들이
눈에 보이기 시작한다.

별 하나,
     별   둘,
          별   셋.

매일 밤 잠들기 전
양 한마리를 세듯이
하루하루를 정리하며
너의 마음을 헤아려본다.

양 한마리,
   양 두마리,
      양 세마리.

매일 아침 눈을 떠
부시시 잠을 깨는 일보다 먼저
사라져 가는 별들을
하나하나 눈치없이 잡아본다.

별 하나,
      별   둘,
            별   셋.

혹시나 너일까 몰라
혹여나 사라질지 몰라.

하늘엔 별들이
이렇게나 많은데,
정작 보고 싶은
그 별 하나만 없구나.

탈법칙

넓디넓은
광활함 속
우리 만남은

어쩌면

태양길 따라
오로지 한길로만
돌고 도는
우주의 법칙

아니면

보란듯이 비웃으며
황도를 이탈해
곧장 가로지르는 일.

봄 처녀 꽁무니를
쫄래쫄래 쫓아다니는
겨울황소처럼,
그대만 바라보다

미친듯이 번뜩이며
여름을 뛰넘어
곧장 내달리는 일.

생의 기억이
사라지고
영겁의 시간을
지나고 나면

먼 은하계 속으로
영영 사라져
다시는 찾을 수
없을테지만

그러나 하늘에선
오늘 밤처럼
별들이 속삭일거요.

우리가 함께
살포시 포개어
켜켜이 살아 올린
그것.

그것들만큼은.

사랑한다는 말
-겨울 황소가 봄 처녀에게-

사랑이란
사랑한다는 생각이나
사랑한다는 말을 하면서 하게되면
위선이 되기 십상이래요

위선이 아니라고 하더라도
사랑의 맛이 떨어진대요
맛을 잃은 소금이 된다나요

사랑한다고 말하면서 하는 사랑은
사실 사랑하고 있지 않다는 것을
고백하는 것과 다름없대요.

사랑한다는 말 대신
안다는 말을 쓴다나요.
안다는 것은 마음을 연다는 것이지요.

열린 마음의 창으로
자연스레 마음이 오가고

어울리고 즐기는 것이 사랑이라지요.

사랑이라는 말을
구태여 붙일 필요도 없이.

사랑 대신
신의라는 말을 쓴다나요.

서로 무엇이 필요한지 훤히
다 알아서 그걸 해주다 보면
서로 기뻐지는 일.

너무나 당연한 일을
당연히 하면서
살아가는 일이 기뻐지는 일.

그게 좋아서 변함없이,
천년을 하루같이 사는 일을
신의라고 한다지요.

사랑이라는 말을
구태여 붙일 필요도 없이.

하와가 아담에게
사랑의 대상이기 보다는
같이 오순도순 이야기하면서 일하는
동역자로 창조되었다나요.

같이 말을 나누면서 일을 하고
일의 결과를 즐기는 일.
삶 속에서 서로 오가는 마음과
기쁨을 위해 창조된 거라지요.

그 삶 전체를 옆에서
보고 있노라면
깨가 쏟아지는 사랑으로
보이기도 하겠네요.

사랑을
생각하지 않고
말하지 않고
숫제 잃어버리고
살랍니다.

시로 노래로
어느 크리스마스에
감바스 알 아히요로
살랍니다.

부엌에서 달그락거리며
마주치던 그 눈빛으로
첫눈으로 노을벗으로
그렇게 겨울황소로 살랍니다.

그런데도 그런데도

앞에만 서면 나도 몰래
자꾸만 튀어 나오는 말
빙그레 떠오르는 말

사랑한다는 말.

** 문익환 목사님의 옥중서신 '사랑한다는 생각없이 사랑하는 길'을 인용하였습니다.

사랑할 줄 아는 사람

진정으로 사랑할 줄 아는 사람은
자기 자신부터 사랑할 줄을 안다.

손에 쥐고 있는 것을 나누어야만
비로소 무언가를 가질 수 있다는 사실을 안다.

상대의 눈으로 세상을 볼 줄 알고
당신이 본래의 모습을 지키도록 도와준다.

진정으로 사랑할 줄 아는 사람은
온갖 멋들어진 수식어에 구애받지 않는다.

자신만의 독창성을 계발하기 위해 홀로 애를 쓰고
세상과 혼자 싸우는 일을 두려워하지 않는다.

진정으로 사랑할 줄 아는 사람은
언어의 노예가 되기보다 주인이고자 한다.

오직 우리의 언어로 말하고 써 내려간다.
누군가 알려준 그 뜻을 곧이곧대로 믿지 않고
직접 느낀 뒤에야 직접 정의를 내린다.

아침 편지

귓등 시린
겨울 바람에
아침잠을
깨웁니다.

한밤중인지
해가 뜰락말락
아침인지 모를
새벽 첫차

정류장에서
함께 듣던
멈출 줄 모르는
돌림노래

어느 보통날
몽글몽글
기적 하나를
깨웁니다.

이른 아침
가장 빠른
새 소식을
담았습니다.

제일 먼저
맞이할
사내 하나를
꾹꾹 담았습니다.

새벽 첫 닭
울기 전에
분주히 서둘러

그대 안부를
묻습니다.

노을, 벗

함께 한다는 건
떠오르는 태양을 바라보며
발맞춰 함께 걸어가는 것.

함께 한다는 건
저물어 가는 석양을 바라보며
아무말없이 안아주는 것.

함께 한다는 건 노을을 함께 본다는 것.
저멀리 보이지 않아도
같은 하늘 붉은 벗을 바라보며
당신을 생각하는 것.

떠오를 때 보다는 저물 때
잡은 손 놓지않고 꼬옥 잡아주는 것.
함께 손 잡아주는 것.
함께 한다는 것.

홀로 깊어지지 않도록
함께 고민해주는 붉은 벗, 당신.

언제나 당신에게 내가 더
좋은 사람, 노을벗 될 수 있도록.

웃음꽃

날이 따뜻해 후리지아
한 다발을 사들고
그대에게로 갑니다.

꽃도 꽃이지만
꽃을 보는 당신의
웃음이 더 좋습니다.

봄날의 따스함도 따스함이지만
당신의 미소가 머금은 따스함으로
말미암아 생의 온기를 알게 합니다.

비로소 봄이 왔는 줄 아는지
마스크 뒤에 감춰진 입가에는
아주 어여쁜 꽃 하나가 피었습니다.

첫눈

하늘에서 떨어지는 거의 모든 종류의
우울을 별로 좋아하지 않는다.

축축한 우울은 때론 거대한 재난이
되어 인간의 온 삶을 잠식한다.

그런데도 왜 그토록 겨울의 시작을
당신과 함께 보고싶어 했을까.

늦은 밤 길을 걷다 가로등 불빛 아래
소복히 쌓인 우울을 딛고 서본다.

우울의 풀숲을 환하게 비추는 달빛의
그것만치 아름다운 너의 웃음을 본다.

아아! 낭만이구나.

더이상 우울의 동굴 그 깊숙이
떨어지는 걸 두려워하지 않는다.

서로에게 침잠하여 기어이
첫눈처럼 돌아올테니.

훗날의 추억

과거에 쌓은 추억보다
훗날 쌓을 추억이
더 소중할 때가 있다.

삶과 죽음의 경계에서
삶의 고통보다
죽음의 평안이 고플때

한살매 살아냈던
생의 미련보다

아직 오지않은
훗날의 추억에
사로잡혀

그대 잡은 손
뿌리치지 않도록

끝끝내
놓아주지 않도록

2부.
민중과 함께, 민중을 위하여

시는 무기다

시는 무기다
배고픈 이들에게
가장 배부른 무기다

시는 무기다
세상 추운 이들에게
가장 따뜻한 무기다

시는 무기다
투쟁하는 이들에게
가장 강인한 무기다

당신의
가슴 속 깊은 곳에 따스히 자리하여
우리 삶을 보듬을
가장 포근한 무기다

시는 무기다
탐욕스럽고 불의한 이들에겐
가장 따가운 무기다

네 놈들
가슴 속 깊은 곳을 쿡쿡 찌르며
평생을 짓누를 가장 잔혹한 무기다.

시는 넘어진 나를 일으켜세워
앞으로 나아가게 하는 아주 강력한 무기다.

시는 노래하는 사람들의 가슴에서 가슴으로 이어져
기어코 연대로 꽃피울 아름다운 무기다.

반성문
-어느 비정규직 청년 노동자의 죽음에 부쳐-

추운 겨울 비정규 청년노동자의 죽음을 애도하러
광장으로 나서는 너의 두 손에 들린
따뜻한 스타벅스 아메리카노 한 잔.

잔혹의 거리를 흐르는 눈물 닦으면서도
차마 커피 한 잔을 내던지지 못하는
너의 이름은 노동자다.

2년 전 구의역 그 자리를 그냥 지나지 못해
한참을 멈춰 서 있던 그 시절을 아직 기억한다.

많이 변하였다고 스스로 위로하더니만,
바뀌었다고 굳게 믿고 싶어하더니만,
기어코 살려내지 못 하였다.

차곡차곡 탐욕의 석탑을 쌓아올리는 동안
홀로 천상의 계단을 오르고 있었구나
형제여!

몰랐는가. 정말 몰랐는가.
너는!!

싸늘한 주검 위에 드리워진 검은 석탄가루
회한의 피눈물로 닦아낸다 한들
이제 와서 무엇 하랴

관물함 속 컵라면은 너의 일상이고
노동자의 시간인 것을…
그의 유품은 우리의 삶이 되어
또 다시 컨베이어벨트 위로 던져지고 말 것을

진상규명 없는 반성은 기만이다.
대책마련 없는 후회는 거짓이다.
죽음의 컨베이어벨트를 멈춰라!

옆자리별

한평생 살면서 내 얘기도 한 번
제대로 해 본 적이 없었다오

때론 기어오르지 않기 위해서
괜히 꿈틀거리다 밟혀 제 명
재촉하고 싶지는 않아서 말이오

꿈과 노동, 하나둘 빼앗기다
조금씩 갉아 먹히는 영혼마저
이제는 운명인가 하여 편해졌다오.

그러니
"여기, 사람이 있다!" 저리도 몸부림치는
저 사람들 곁으로 좀 가주겠소.

내 아무리 고개 빳빳이 쳐들고 소리쳐도
아무 말 없이 다독이는 그대여

다르게 태어나 처지는 다르더라도 같은

꿈을 꾸는 것이 더 중요하다고 말하는 그대여

불타 쓰러지는 저 남일당 망루 위로
올라 옆자리 별이 좀 되어주오.

바람에 흔들리는 저 강남역 철탑 위로
올라 옆자리 별이 좀 되어주오.

설 명절 눈치 없이 지나는
저 고속도로 톨게이트 위로
올라 옆자리 별이 제발 되어주오.

아무리 나의 이름을 불러댄다 한들
당신들을 위한 몸짓은
결코 보이지 않겠소. 시궁창의 꽃은 싫소.

대신 조용히 그대들 곁으로 가
옆자리 별이 되고 싶소.

잊혀지지 않는 하나의 의미는
될 수 없다고 할지라도.

할머니의 바다

그날 바다는 너의 품으로
생의 모든 것을 삼켜버렸다.

따스히 품어주리라 믿었던 공화국은
검은 쇠붙이 앞세워 온 바다를 물들이었다.

서릿발 날리는 차디찬 겨울공화국에서
끝내 못 마친 옛 이야기를 들려주는 이는
오로지 널 닮은 작고 여린 동백뿐이구나.

어멍이랑 아방이 들려주는 파도소리에
다시 돌아올 수밖에 없었던 남도의 바다.

가메기도 모를 식게는 그만두게나
이 땅우에 모든 동백이 곁에 있으니.

내 오늘 흘린 이 눈물로 만들어 낼
자주와 독립, 평화의 바다 안에서
붉은 옷일랑 벗어두고 편히 쉬게나.

한반도의 8월

총독부 앞마당 우뚝 솟은
붉은 수탈의 깃발 위에
푸른 바닷물 쏟아붓고 검은 그물 엮어내어
그 날을 건져내기까지 꼬박 35년이 걸리었다.

그 소식 알 길 없는 밑바닥 민중들은
그마저도 하루가 지나서야
만세를 부르며 거리로 나왔다.

빛을 되찾은 뒤에도
한 달 가까이 내려올 생각은 않고
애꿎은 바람만이 펄럭이었다.

꿈 찾아 돌아온 나의 임 앞에
내 고향 산천은 온데간데없고

허리 댕강 잘려 내동댕이친 반토막 뿐이구나.

70여년이 지나도 8월은 어김없이 온다.
밑바닥에서 일어나 판문점 물결에
몸을 싣고 어기여차 힘차게 노 저어라
평화의 봄바람타고 금강산 유람가자.

철조망 끊어내어 벽을 허물고
해방술잔 기울이며 더덩더덩 춤을 추자.
머나먼 이국땅에서 독립의 꿈 품고 스러져간
나의 임 손 맞잡고 통일의 춤을 추자.

에헤라, 통일이구나.
에헤라,
이제야 광복이구나.

죽음, 그 너머 분단

죽음, 그것을 떠올리는 것은
너무도 힘들고 아파서
차마 꺼내어 입에
담는 것조차 어렵지요.

하지만 전쟁 중인 한반도에서
그것은 이상할 것도 없이
당연하고 일상적인 일.

간첩이라고 공작원이라고
생계를 비관한 실패자라고
뭐라고 부르든 상관없어요.

다만, 경의선 경원선 동해선을 두고서
개성으로, 평양으로 곧장 이어지는

1번, 3번 국도를 놔두고

목숨 걸고 낙동강, 두만강 건너
바다 건너, 하늘길로 가야만 하는
조국의 현실을 슬퍼하세요.

누가 누구를 규탄하고,
서로 미워하고 물어뜯을
자격이 대체 누구에게 있나요.

이미 갈라지고 가로막힌
우리 강토 나의 강산 앞에,
찢길대로 찢긴 조국의 가슴 앞에.

공동조사단이 꾸려지기까지
꾸려지고 난 다음에도 그 다음에도
많이 힘들고 어려울거에요.

힘들겠지만 그게 통일이에요.
어렵겠지만 그게 통일이에요.

우리 앞에 놓인 당연하고도
일상적인 죽음을 끝내기 위해서
꼭 필요한 과정이죠.

우리, 이제는 정말
끝내야 하니까요.

사람도, 가족도, 공동체도
역사도, 민족의 정신도
사람의 생각도, 세계관도

가르고, 왜곡하고, 갈라놓은
지긋지긋한 이 체제를.

통일路 평화로

정말 할 수 있을까?
정말 필요한 일일까?
통일, 통일이 대체 뭐길래.

광복과 분단을
비집고 흘러나온
통곡의 세월

남쪽 바다 푸른 섬에서
잘려 나간 애기 동백꽃
남쪽 나라 코발트 광산에서
배어 나온 핏빛 계곡물.

통일, 통일은
통곡하는 골짜기에

메아리치는 아리랑 소리

꺾여나간 꽃 이음새를
생명의 손으로 매만지는 일.

핏빛으로 물든 강산을
부활의 손으로 닦아주는 일.

조국은 북녘,
고향은 남녘,
어릴 적 살던 고향은 똑같은데
나의 조국의 서로 다른 우리 동포

남녘에선 오징어,
북녘에선 낙지,
아무리 봐도 생긴 건 똑같은데
서로 달리 불리는 우리말 겨레말

통일, 통일은
조국도 고향도 하나 되는일
오징어도 낙지도 함께 나누는 일
한마음 한뜻으로 마주보는 일.

통일, 통일은
서로를 겨누던
총칼을 내리고
서로를 지긋이
바라보는 일.

미운 점 나쁜 점
꼬치꼬치 따지기보다
잘한 점 좋은 점
꼬박꼬박 찾아내는 일

당차게 평화를 외치며

지금 당장 할 수 있는
아주 작은 일부터
꾸준히 해 나가는 일.

통일로 가는 길
평화로 만들 길.

우리가 가는 이 길.

고개숙인 者

부슬부슬 겨울비 내리는 그 계절
개탄의 거리 한복판에 서서
비겁과 용서를 잇는 평화의 성물 앞에
고개를 숙인 한 사내를 보았다.

고요 속의 우성(雨聲)은 침묵을 강요했고
암흑 속의 절애(絶崖)는 단념을 가르쳤다
그치는 법을 잊은 눈물 끝에 매달린 추는
철퇴가 되어 그를 끝내 무릎 꿇리었다

간절함인지 미안함일지도 모를
그의 몸부림은 쉴 틈이 없다
아스팔트에 바짝 뉘인 몸뚱아리는
한없이 낮아져 그대를 높인다

고개 숙여야 할 저 놈들의
뻣뻣한 모가지를 부러뜨려
굳게 다문 당신의 두 손을 녹일
투쟁의 모닥불을 마저 지피리

-

그렁그렁한 두 눈을 바라보던 남녀는
잠시 놓았던 서로를 부여잡고
저만치서 저만치서
발걸음을 다시 돌린다

고개 속인 평화로
저 한 가운데로

아무도 말해주지 않아도

아무도 말해주지 않았다
11월 둘째주 목요일, 그 날이
다가오기 전까지는.

반 평균 80점을 달성하는 것보다
당신 아들 100점 맞는 것이 더
중요하다는 어머니의 말씀은

입시전쟁서 쓰러진 친구들의 시체를
밟고 올라서 저 빛나는 상아탑에
깃발을 꽂으라는 말이었다는 것을

김남주와 파블로 네루다의 시집보다
EBS 수능특강과 수능완성이 더
중요하다는 선생님의 말씀은

불의와 부조리에는 눈 감고 귀막아
굴종과 침묵 속에서 오로지
공부나 하라는 말이었다는 것을

군 복무하면서, 가난 속에서도
수능만점의 신화를 써 내는 모습을
쏟아내는 언론사의 보도는

망가진 입시제도와 노동시장의 황폐화를
만들어 낸 기성세대의 반성따위는 없을테니
반드시 너는 홀로 살아남으라는 말이었다는 것을

열 아홉과 스물의 경계에서
단 한 발자국만 내딛으면
모든 것이 바뀔거란 기대에 꿈을 포기했지만

새내기가 되어서도 꿈을 쫓기는 커녕
정작 만18세 투표권 하나 없어 교육감조차
내 손으로 뽑지 못하는 신세였다는 것을.

학종이니 정시확대니 공정한 경쟁을 강조하는
세상사람들의 달콤한 말을 삼켜내지 못하고
고귀한 상아탑 앞으로 가 토해내련다.

대학이라길래 참 큰 걸 가르쳐줄 거라고
기대했지만 그 크나큰 학교는 우리에게
인간의 파편화와 무기력만을 가르쳤다.

그럼에도, 그럼에도,

아무도 말해주지 않았어도
우리는 스스로 깨우쳐
비로소 큰 학생이 되었다.

아무도 말해주지 않았지만
내 동무 손 꼭 잡고
우리는 아직도 배움을
포기하지 않은 대학생이다.

2020년, 만우절

대학 캠퍼스엔 때아닌
교복을 입은 청년들이
캔맥주를 홀짝이고

강의실 앞문은 뒷문이 되어
어느새 강의 시작 십 분 만에
쉬는 시간이 되는 날

그날은 없다

웃음은 사라지고 봄꽃은
거듭거듭 움츠린 지 오래.

떠오르는 태양보다 더 뜨거운
화마(火魔)와 함께 시작했던 사피엔스의

새해는 정체를 알 수 없는 돌림병에 잠식당했다

공장과 가게는 문을 걸어 잠그고
콘크리트와 쇠붙이로 쌓아 올린
대도시의 이기(利己)는 무너졌다

하늘과 바다를 휘저으며 위용을
뽐내던 온갖 문명의 이기(利器)들은
한낱 자연이 친 거미줄에 발이 묶였다.

가증스러운 사피엔스, 홀로
배 불리려던 탐욕이 불러온
당연하고도 당연한 결과였으리라

진짜 적은 내부에 있다던
고대 역사의 교훈은 한 번도
틀린 적이 없던가.

천박한 천민자본주의가 벌여놓은
계급의 격차는 장대음봉 마냥 축 늘어져
삼도천 밑바닥으로 곤두박칠치는데

더불어 통합은 못 할망정
시민의 미래를 담보삼아
민중, 민주의 열망을 짓밟은 위성 괴뢰들!

동종의 존엄과 안일한 판결을 처먹고
자라나 무려 사람의 탈바가지를 쓴
타락한 박사의 무리!

아아!

시내 천변에 위태롭게 피어있는 개나리의
노오란 빛깔과 빠알간 애기 동백꽃.

끝내 참았던 눈물을 왈칵 쏟는다.

하마터면 잊을 뻔했다. 오늘날의
생이 버거워 봄날의 화창함에 취해
어제의 아픔을 잊을까 두려워졌다.

다행일까? 운명일까?
아니면 꼭꼭 숨겨왔던 족쇄일까?

용솟음치는 남도의 바다가 부르짖는
피맺힌 울음소리에 가슴 한구석 화인처럼
그 날의 자국이 다시금 선명해진다.

팽목항의 빨간 등대 비추는 방향 따라
어둠 속 홀로 헤매던 청년 나그네에게
그 날의 별들이 손을 내민다 조심스레.

4월은 아직 아프다.
혐오와 배제 속에 둘러싸인 바이러스는
죽지 않고 우리를 꾸준히 괴롭힐 것이다.

그러나 사피엔스여!
그대가 인간임을 잊지 말게나.

그날,
그 날은 반드시 온다.
조금 더디더라도 반드시 온다.

역사의 질곡을 벗어던지고
만우절 거짓말처럼 별안간 온다.

그러니 사피엔스여!
그대가 인간임을 절대로 절대로
잊지 말아라!

결코, 돌아갈 수 없다

인간(人間)의 삶에는 불로초도, 생사초도
타임머신과 리셋 같은 기적 따위는 없고
에레보스의 강을 통과한 누구도 다시는
뱃머리를 돌려 되돌아 나올 수 없다.

민국(民國)의 100년 역사가 보여주듯
우리 걸어온 그 길은 돌아갈 수 없고
인민(人民)의 피 끓는 열망으로 써 내린
불멸의 계약서는 결코 파기할 수 없다.

민국(民國)의 그 어떤 독재자가
욕을 좀 했다고 쥐도 새도 모르게
자기 국민(國民)을 흠씬 두들겨 패고
난지 매립장에 내다 버릴 수 있겠나.

민국(民國)의 어느 누가 대놓고
제 시민(市民)을 향해 지랄 사과탄을
던질 테며 최루탄이 눈에 박힌 채로
마산 앞바다에 내다 던질 수 있겠나.

민국(民國)의 어느 누가 겁도 없이
민중(民衆)의 앞길을 차 벽으로 막아 세우고
거리에 쓰러진 노인을 실은 구급차를 향해
직사 물대포를 쏘아 댈 수가 있겠나.

민국(民國)의 그 누구도 함부로
대놓고 민주(民主)를 부정한다거나
인간의 존엄과 천부의 인권을
제멋대로 짓밟지 못 한다.

잘 들어라, 이놈들아!
불과 역적 정도밖에 안 되던

역겨운 불한당 놈들이 종종
내뱉던 불가역적이라는 수사는
이럴 때 바로 딱 쓰는 거란다.

제 손으로 직선제를 쟁취하고
스스로 주권(主權)을 누려본 사람들은
더는 한 사람의 손아귀에 필요 이상으로
자신의 권력(權力)을 내주지 않는단다.

제 손으로 독재자를 끌어내리고
스스로 주권(主權)을 되찾아본 사람들은
더 이상 네놈들의 속이 훤히 보이는
거짓부렁에 놀아나지를 않는단다.

민의(民意)를 받드는 척 시간만 끌다가 쓰레기로
잔뜩 버무린 수치스러운 선거밥상을 차리더니만
급기야 공화(共和)국을 대표한다는 자들이 시작부터

반칙 패거리들을 만들어 장난질을 치는구나.

하지만 너희는 또 모를테지.
이미 돌아갈 수 없는
강을 건너왔다는 것을.

아무리 용을 써 보아라
그래봤자.

우리는
결코, 돌아갈 수 없다.

3부.
서른 즈음, 인생길을 따라 걷다.

1. 넌 꿈이 뭐니?

초등학교 시절, "넌 꿈이 뭐니?"라는 선생님의 질문에 "제 꿈은 통일입니다."라고 답했던 기억이 있습니다. 아마도 선생님은 장래 희망이 무엇이냐는 질문이었을 텐데요. '우리의 소원은 통일'이라는 노래가 기억에 남은 것인지, 왜 그런 대답을 했는지는 아직도 모르겠습니다. 하지만 적어도 본능적으로 직업보다 더 중요한 것이 있었던 것 같아요.

파일럿, 한의사, 선생님, 기업가, 대통령 등등 하루건너 바뀌는 장래 희망들을 빼면 살면서 어떤 직업을 가져야겠다는 생각을 해본 적은 딱히 없었습니다. 어떤 직업을 가져야겠다는 생각보다는 어떤 삶을 살 것인가? 어떤 사람이 될 것인가가 더 중요했기 때문이에요.

대학 진학이 일생일대의 사명처럼 느껴지는 고3 수험생에게 가장 많이 물어보는 어른들의 질문은 '어느 대학에 갈 거니?', '어떤 직업을 갖고 싶니?' 등과 같은 것들이죠.

과연 우리나라 수험생 중에 정말 내가 하고 싶은 일을 고3 때 이미 정한 사람이 얼마나 있을까요? 하지만 우리는 대학 진학을 위해 언제부터 간절히 꿈꿔왔던 것처럼 행동하고 포트

폴리오를 작성해야만 해요. 그래야 합격 확률이 좀 높아질 테니까요.

그러나 그렇게 누군가의 잣대로 규정되고 합격을 향해 만들어진 꿈들 때문에 오히려 진짜 꿈을 찾을 시기를 놓치고 말죠. 그러다 대학에 입학하거나 사회에 나가면 뒤늦은 방황의 시기를 맞게 되더군요.

나이가 들면 들수록 그전까지 한 번도 고민해본 적 없는 존재론적 질문들을 던지면서 말이죠. '나는 왜 태어났을까?', '어떤 삶을 살 것인가?'와 같은 질문들 말이에요.

처음엔 '뭐로 먹고살지?'라는 질문과 '어떤 삶을 살 것인가?'라는 물음은 다른 것으로 생각했어요. 솔직히 '너 뭐 먹고 살래?'라는 주변 사람들의 질문에 딱히 '뭐라도 해 먹고 살겠죠'라는 답변 말고는 답할 말이 없었거든요.

"어떻게 하고 싶은 것만 하고 살겠니?,
해야 할 건 하고 나중에 너 하고 싶은 걸 해!"

어릴 때부터 귀에 못이 박히게 듣던 말입니다. 우리 사회는 언젠가부터 정해져 있는 우선순위가 있다는 듯이 말하는 것 같아요. 모두가 그 정해진 길을 걸어야 하는 것처럼 말이죠.

초등학교를 졸업하면 중학교에 입학해야 하고, 중학교를 졸업하면 고등학교에 가고, 고등학교를 졸업하면 4년제 대학에 입학할지, 2~3년제 전문대학에 입학할지, 그마저도 아니면 바로 취업할지를 선택해야 해요.

대학을 졸업하면 취업해야 하고 안정적인 직장을 가졌다면 이젠 번듯한 상대를 만나 결혼하고 사랑스러운 아이를 낳고 남부럽지 않은 가정을 꾸려야 하죠. 조금 더 노력해서 내 이름으로 된 집 한 채와 자동차 하나는 꼭 마련해야 해요.

부모님이 제게 바라는 삶도 이와 다르지 않을 거예요. 물론 부모님의 마음속엔 아들이 보다 안정되고 편안한 삶을 누리기를 바라는 뜻이 있으실 거예요.

그런데 삼십의 제 인생을 돌아보면 단 한 번도 정해진 경로를 따라간 적이 없는 것 같아요. 다른 사람들과는 다른 길을 걷는 삶이 누군가에겐 멋있어 보일 수 있겠지만, 실상은 좀 달라요.

부모님과 사회가 정해준 경로를 걷는 것이 무서웠어요. 아무리 노력해도 그 기대에 부응하지 못할 것 같았죠. 어쩌면 현실에서 도피하고 싶었던 걸지도 몰라요.

'용의 꼬리가 될 바엔 뱀의 머리가 되겠다'라는 심보였던 거죠. 그래서 자꾸 새로운 길을 찾아 도전하는 게 취미이자 습관이 되어버린 것 같아요.

사실 부모님이 원하는 길이 아닌 다른 길을 걷는 건 사실 쉽지 않았어요. 끊임없는 잔소리와 함께 서로를 갉아먹는 시간을 견뎌야 하거든요.

하지만 부모님의 지지를 받지 못했기 때문에 오히려 나 자신을 온전히 지지해 줄 수 있는 사람은 오로지 자기 자신뿐이라는 것도 깨달았죠. 지지를 받지 못했기 때문에 오히려 스스로 자립할 힘을 기를 수 있었어요.

부모님이 정해준 산을 오르는 것이 싫었던 것이 아니라 그 과정에서 좌절하고 넘어지는데 연습이 조금 필요했던 거예요.

무서웠으니까요. 이토록 홀로 무서워할 때 "넌 할 수 있어" "너를 믿어"라는 그 한마디를 들었다면 어땠을까요?

'뭐로 먹고살래?'라고 다그치지 말고 '어떤 삶을 살고 싶니?'라고 따뜻하게 물어봐 주세요. '어떤 사람이 되고 싶니?'도 괜찮아요. 그리고 무엇이라고 대답했든 믿어주세요. 또 응원해 주세요.

그럼, '뭐로 먹고살지?'라는 질문이 '어떤 삶을 살 것인가?'라는 물음과 다르지 않은 삶을 살 수 있을지 몰라요. 내가 하고 싶은 것만 하고 살아도, 먹고 살 수 있는 것이 가능할지도 모르죠.

2. 대체 하종씨 직업은 뭐예요?
"직업보다 중요한 가치"

밤 12시 10분, 일과를 마치고 다시 책상 앞에 앉았어요. 지난 30년간 인생을 정리해보고 싶다는 결심으로 시작했지만 녹록지 않네요. "오늘 하루도 참 열심히 살았다."라고 말해줄 여유도 없이 집에 들어가면 잠에 곯아떨어져 새벽, 아침 일찍 일어나 집을 나서죠. 그리곤 하루를 쪼개고 쪼개어 쓰고 있어요.

처음 만나는 사람들에게 상당히 독특한 사람으로 비친다고 해요. 뚜렷한 직업은 없어 보이고, 대체 생활비는 어떻게 버는지 꽤 궁금해하는 눈치죠. 요즘 말로는 'N잡러', 부모님 눈엔 세상 바빠 보이지만, 길에다 돈이고 시간이고 뿌려대고 다니는 '백수'입니다.

현재 사용하는 명함은 4개, 카카오톡 연락처는 3,903명. 거의 매일 사람을 만나 회의 아니면 모임을 2개 이상 진행하고 있이요. 구글 지도가 알려준 바에 따르면 2021년 총 이동한 거리는 지구 둘레 1바퀴에 해당해요. 대체 뭐 하는 사람일까?

사회운동가, 대학생 기후정의단체 강원지역 대표, 비영리스타트업 대표, 농사동아리 춘천지역 대표, 도시농부, 환경미디어 객원기자, 한국농정신문 기자, 춘천지속가능발전협의회 운영위원, 춘천시 청년발전위원회 위원, 춘천시청년청 기후환경분과장, 유튜브 편집자, 브런치 작가 등 수식할 수 있는 단어는 수없이 많아요. 하지만 무엇을 하든, 어떤 직책을 갖고 있든 사실 그건 중요하지 않아요.

단지, 오늘 하루를 후회 없이 살아가고 싶은 것뿐이거든요. 오늘 당장 죽어도 후회 없는 인생 말이에요. 어차피 한 번 사는 인생 뜨겁게 살기 위해 노력하는 중이죠. 매년 날이 추워지기 시작할 즈음부터 안도현 시인의 '연탄 한 장'을 노래한 안치환 선배님의 '연탄 한 장'을 자주 들어요. 다음 해, 봄이 올 때까지.

> 삶이란 나 아닌 다른 이에게 기꺼이 연탄 한 장 되는 것
> 방구들 싸늘해지는 가을 녘에서 이듬해 봄 눈 녹을 때까지
> 해야 할 일이 그 무엇인가를 분명히 알고 있다는 듯이
> 제 몸에 불이 옮겨 붙었다면 하염없이 뜨거워지는 것

온몸으로 사랑하고 나면 한 명이 재로 쓸쓸히 남는 게 두려워

나는 그 누구에게 연탄 한 장도 되려 하지 못했나 보다

하지만 삶이란 나를 산산이 으깨는 길

눈 내려 세상이 미끄러운 아침에

나 아닌 다른 이가 마음 놓고 걸어갈 그 길을 나는 만들고 싶다

그 길을 나는 만들고 싶다

- 연탄 한 장(안치환 8집 외침) 中 -

이 노래는 지난 한 해 동안 나의 삶은 어땠는가를 평가하는 기준이기도 되기도 해요. 과연 나 아닌 다른 이에게 기꺼이 연탄 한 장이 되려 노력했는가? 노래를 듣는 내내 평가보다는 매년 반성과 참회의 시간이 되곤 하죠.

이 사회가 정해준 판에 박힌 경로를 벗어나 나만의 경로를 그리는 일을 넘어 다른 누군가의 길을 응원해주는 일을 하고 싶어요. 모든 사람이 자신이 가치 있다고 생각하는 일을 열심히 해낼 때 더 풍요로울 수 있다고 생각해요.

그렇지 않으면 다들 안정적인 직장과 먹고사니즘 그 이외의 것을 생각하는 게 퍽 어려울 테니 말이에요. 눈 내려 세상이 미끄러운 아침에 다른 이가 마음 놓고 걸어갈 그 길을 만들고 싶다는 다짐을 매년 해요. 나를 산산이 으깨지는 못하더라도 적어도 세상 미끄러운 길이 바로 여기 있다고 귀띔해주기 위해서 말이죠.

3. 하루 내내 누워서 잠만 자고 싶어

바쁘지 않은 삶을 살지 않는 현대인이 얼마나 있을까 싶어요. 번 아웃이 오는 건 싫지만 그렇다고 아무것도 안 하고 시간을 보내는 건 세상에 뒤처지는 건 아닐지, 주변의 시선을 의식하지 않을 수 없죠.

> *"자취방에서 종일 누워서 잠만 자는 인생은 정말 의미가 없을까?"*

대학 시절 한 동기가 던진 물음이었어요. 대학에 입학하고 나면 꿈꿨던 캠퍼스 라이프를 즐길 수 있을 줄 알았죠. 대학만 가면 살이 빠진다느니, 대학만 가면 완전히 인생이 바뀔 것처럼 유혹하던 어른들의 거짓말이 깨지는 데까지는 한 달도 채 걸리지 않았습니다.

요즘엔 사춘기보다 오춘기, 육춘기가 더 무서워요. 어린 시절 충분히 방황하지 못한 사람들은 긴장해야 하죠. 언제고 인생이라는 깊은 고민 구덩이에 빠질지 모르기 때문이죠. 흔들리지 않고 피는 꽃이 어디 있겠냐마는 되도록 덜 흔들리고 싶은 것이 인지상정이지 않을까요?.

하지만 대학 입시라는 정체 모를 목표를 향해 경주마처럼 달려온 지난 시절을 되돌아볼 여유도 없이 20대에게 학점과 취업이라는 또 다른 실체 없는 목표를 향해 뛰어야 하는 대한민국 대학생들에게 본인 삶에 대한 고민은 필연적으로 한 번쯤 세게 올 수밖에 없는 것 같아요.
자취방에서 종일 누워서 잠만 자는 인생에서도 의미를 찾기를 바랐던 그 친구의 마음은 아마도 잠시 쉬어갈 시간이 필요하다고 내 몸이 보내는 SOS 신호였을지도 몰라요.

살아가는 모든 순간순간마다 의미를 부여하는 일은 상당히 피곤한 일입니다. 모든 인간은 저마다 사명을 띠고 이 세상에 왔다고들 하지만 그 사명을 깨닫게 되기까지 우리에게 많은 시간이 필요하죠.

태어날 때부터 내가 하고 싶은 일, 할 수 있는 일, 해야만 하는 일이 명료하게 적힌 체크리스트를 받아 들고 이 세상에 나오는 건 아니니 말이에요.

그렇기 때문에 쉬어가는 시간은 우리에게 아주 절실합니다.

그럼 대체 쉰다는 건 무엇일까요? 쉰다는 건 때 묻은 페르소나를 벗겨내고 본래 나의 모습을 찾아가는 일입니다. 정말 사명을 띠고 이 세상에 나온 건지는 모르겠지만 그런 게 정말 있다고 해도 우리 인생에 쉼표 하나쯤은 필요합니다.

쉰다는 건 죽지 않고 살아있음을 기뻐하는 일이에요. 쉬어갈 시간이 있어야 내 삶에 감사할 시간도 생길 테니 말이죠. 무작정 앞만 보고 달리다가는 낭떠러지로 질주하는 줄도 모르고 뛰고, 뛰고, 또 뛰다가 나중에 후회할 기회마저 잃어버리게 될지도 모릅니다. 한 번 사는 인생, 내가 살아있음을 충분히 만끽할 수 있는 권리를 보장해주어야 합니다.

쉰다는 건 일하지 않고도 모두가 함께 먹을 수 있는 일입니다. 서로가 고통받지 않도록 베풀어 주는 일이기도 하죠. 자기 자신도 되돌아볼 여유가 없는 사람에게 주변 사람을 돌볼 여유가 생길지 만무하니까요. 혹시나 주변에 가족이 해체되고 직장에서 팀 내 불화가 생긴다면 그 구성원들이 진정 '쉼'을 보장받고 있는지를 돌이켜보아야 합니다.

가끔은 일하지 않고도 모두가 함께 먹고 살 수 있도록 우리 사회가 나서서 보장해야 한다고 생각해요. 우리 사회가 병들어가고 있다고 느낀다면 더더욱 '쉼'의 절실함을 깨달아야 해요. '쉼'은 '베풂'의 충분조건입니다. 다만 그 '쉼'이 참일 때만 가능하죠.

제대로 쉬어야만 일도 제대로 할 수 있습니다. 학창 시절 꼭 쉬는 시간에 공부하는 애들이 공부를 못한다던 말은 적어도 우리가 사는 이 사회에서는 명백한 거짓말이에요. 쉬는 시간, 자투리 시간마저 전부 할애해서 공부해야만 하고, 꼭 써야 할 휴가마저 반납하고 일해야만 제대로 살 수 있는 사회는 정상이 아니죠.

더 잘살아보려고 일터에 나갔다가 다시는 집에 돌아오지 못한다거나 일하다가 다쳐도 해고당할 걱정 때문에 치료도 못 하고 출근해야만 하는 사회도 정상이 아니에요. 노동하지 않으면 굶어 죽고, 노동하면 지쳐 죽는 사회를 두고 절대 정상이라고 말할 수는 없을 겁니다.

쉴 거 다 쉬면서 어떻게 돈을 버냐는 말은 하지 마세요. 쉴 거 다 쉬면서 돈을 벌고 싶다는 말이 아니니까요, 온전히 '살고 싶다'라는 말이에요. 그래요. 인간으로 태어나 적어도 나한테만큼은 '쉼표' 하나쯤 마음대로 찍어줄 수 있어야 하지 않을까요?

나에게 주어진 '쉼의 자격'을 제대로 판단할 수 있는 사람은 나의 생을 온전히 살아내고 있는 나 자신뿐이니까요. 어쩌면 어른이 된다는 건 제대로 쉴 줄 아는 방법을 터득하는 일인 것 같아요.

어른이 된다는 건 열심히 살아온 나에게 가끔은 '쉼표' 하나쯤 제대로 "빡" 찍어 줄 수 있는 사람이 되는 일이죠. 그리고 진짜 어른이 된다는 건 말이에요. 나의 쉼이 중요한 만큼 누군가의 쉼도 중요하다는 사실을 깨닫는 일이에요.

4. 어머니의 어긋난 사랑

어린 시절, 공부할 때 어머니가 항상 곁에 계셨어요. 아니, 공부할 때마다 점검받아야 했죠. 한자능력검정시험을 준비할 때였어요. 한자를 하루에 100개씩 외워야 했죠. 다음날에도 100개, 그리고 또 다음날에도 100개씩 누적해서 외우고 평가를 받았어요. 한 주가 끝나는 날엔 누적 700개의 한자를 적어내야 했어요.

10살짜리 아이에게 그 혹독한 훈련은 참으로 힘겨웠습니다. 못하겠다고 펑펑 울고 나서도 기어이 꾸역꾸역 한 자 한 자 눌러쓰던 기억이 새록새록 하네요.

초등학생 때 다녔던 학원만 해도 참 다이나믹해요. 서예학원에 다니며 정신 수양하고, 피아노학원 연습실에 갇혀 꾸벅꾸벅 졸았어요. 태권도학원은 왜 다녀야 하는지도 모르고 다들 하니까 좋아라 가서 놀았죠. 생각해보니 영어 과외와 **빨간펜, 구몬, 재능교육** 할 것 없이 당대 내로라하는 대부분의 학습지까지 모두 섭렵해야 했습니다.

나중에 생각해보면 참 대단한 일이었어요. 그 시기를 견딘 나도 나지만 IMF로 일자리를 잃고도 다시 일어선 아버지와 새벽 동대문시장에 나가며 물건을 떼다가 선물 가게를 했던 어머니를 생각하면 참 대단하셨다는 생각을 안 할 수가 없어요.

반지하에 살며 빠듯한 살림이지만 큰아들은 꼭 공부로 성공시켜보겠다고 이것저것 할 것 없이 모든 것을 내주며 투자하셨죠. 하지만 현재 그 투자금을 회수하기는커녕 바쁘다는 핑계로 얼굴도 보기 힘든 아들놈을 두고 얼마나 서운하실는지 잘 모르겠네요.

겉으로 보면 청소년기 시절은 다소 무난하고 무탈했어요. 초등학교 6년, 중학교 3년, 고등학교 3년 반장을 한 번도 놓친 적이 없었고, 내신 성적도 한자리 등수를 오르내리던 전형적인 모범생이었죠. 초등학교 저학년 때는 받아쓰기를 하나라도 틀리면 세상이 무너지는 줄 알았어요. 선생님이 내주신 숙제를 안 한다는 건 상상도 못 했던 착한 아이였죠.

하지만 그 착하디착한 아이이고자 했던 모범생은 결국 '나'를 잃어버리고 말았어요.

내가 원하는 삶은 무엇일까? 열심히 공부해서 대학에 가면,

또 공부만 해야 하는 걸까? 대체 무엇을 위해 공부하는 걸까? 지금 당장 내가 배우고 싶은 것만 공부하고 싶은데 사회는 교육과정이라는 걸 굳이 만들어 괴롭게 하는 걸까? 그렇게 대학에 가고 취직하면 평생 일만 하다 죽고 말겠지.

결혼하고 가정을 이루면 안정적인 삶을 살 수 있을까? 오히려 부담만 더 생기는 건 아닐까? 초등학교부터 고등학교에 다닐 때까지 선생님과 부모님, 그리고 또 다른 누군가가 원하는 인생을 살아온 내게 나의 삶은 존재하지 않았다. 도저히 행복한 미래를 상상하기 어려웠다. 아니, 어차피 똑같은 삶이라면 차라리 내일이 오지 않는 것이 덜 괴롭지는 않을까?

사랑이란 게 참 이상하죠? 잘 해본다고 했는데, 내 마음을 몰라주는 상대가 야속하기도 하고요. 그런데 사람마다 가지고 있는 사랑의 언어는 다르다고 하더라고요. 사람마다 사랑을 느끼는 지점이 다르다는 뜻이죠.

하물며 원하지 않는 관심이 얼마나 부담스러운데요. 잘한다고 해본 말과 행동이 사실은 상대가 아닌 자기 자신을 위한 자족적인 행위일 수 있다는 걸 항상 염두에 두어야 해요.

어른이 된다는 건, 나의 욕심과 사랑의 마음을 잘 구분할 줄 아는 사람이죠. 내가 하고 싶은 것 말고 정말 상대가 원하는 걸 해 주려면 그만큼 나를 내려놓아야 해요. 나의 것을 내려놓은 만큼 타인의 것이 보일 테니까요.

5. 죽음, 그 너머 찾아온 사랑

어차피 반복되는 삶의 끝에 내일이 없다는 생각이 매일매일 스스로를 짓누르는 날이 반복되었어요. 그러다 결국 베란다실 난간 위에 올랐죠.

난간에 올라 눈을 감고 생각했어요. 내가 이 세상에서 사라지면 가장 슬퍼할 사람은 과연 누굴까? 아이러니하게도 가장 먼저 떠오른 사람은 '어머니'였죠. 아파트 9층에서 떨어진 나의 모습을 가장 먼저 발견한 어머니의 모습이 보였어요. 적어도 그 모습만큼은 보여드리고 싶지 않았던 거예요.

조용히 지하철에 몸을 실었어요. 목적지는 한강대교였습니다. 목적지를 향해 달리는 지하철 속에서 생각을 이어갔습니다. 내가 이 세상에서 사라지면 가장 슬퍼할 사람은 누굴까?

당시 다리 위 자살 방지 문구처럼 수많은 사람들이 머릿속을 스쳐 지나갔어요. 그 순간 문득 깨달았죠. 난 참 많은 사랑을 받고 자랐다는 것을요.

청소년기의 특징 중 하나는 심리적인 면에서 좌절과 불만이 잠재하요 반항과 일탈을 서슴지 않으며 정서적인 동요가 심해 극단적인 생각과 과격한 감정을 잘 드러낸다는 거예요.

질풍노도의 시기는 청소년기가 거친 바람과 화난 파도처럼 변화가 심하고 불안한 시기임을 비유한 표현이죠. 가장 불안하고 극단적인 생각을 하는 게 어찌 보면 당연한 일일지 몰라요. 누구나 한 번쯤 겪을지 모르는 인생의 고민 한 줄기가 나에겐 좀 일찍 찾아왔던 것 뿐이죠.

한창 자아를 찾아가던 시기, 더 이상 인생의 경로가 보이지 않고 삶의 의미를 찾기 어려웠던 그때, 운 좋게도 죽음의 문턱에서 그 너머 살며시 보이는 사랑을 찾았던 거예요. 그런 뒤로는 어머니의 잔소리와 핀잔이 사랑으로 느껴지기 시작했죠. 물론 내색은 하지 않지만요. 그래도 모든 잔소리란 게 참 듣기 싫은 건 맞아요. 하지만 적어도 '나'를 포기하지 않을 힘이 생겼습니다.

오히려, 자식을 위해 평생을 헌신해 온 어머니 당신의 삶이 안쓰러워졌어요. 어린 시절 외할머니를 일찍 여의고 동생들을 책임져야만 했기에 대학 진학은 생각도 할 겨를없이 상고에 진학해 돈을 벌기 시작해야 했어요.

스물넷의 나이에 첫째 아들을 낳고, 전라도 시골 청년을 따라 아무것도 없이 서울로 상경해야 했죠. 둘째 아들을 낳자마자 IMF의 풍파를 온몸으로 견뎌내야 했고 돈이 생기면 본인 옷을 한 벌 사 입는 것보다 자식들 옷과 신발을 사다 주기 바빴어요. 없는 돈을 차곡차곡 모아 결국 서울에 번듯한 아파트 한 채를 얻었고 자식들을 남부럽지 않게 키워내는 데 성공하셨죠.

누군가 내게 가장 존경하는 사람이 누구냐고 묻는다면, 세종대왕 이전에 나의 어머니, 그리고 아버지라고 대답합니다. 서른 즈음에 돌이켜보면 과연 내가 스물넷의 나이에 아이를 낳고, 그 힘든 시절을 이겨낼 수 있었을까? 사실 자신이 없어요.

내가 결정하는 삶만큼 행복하고 존엄한 삶은 없어요. 사람은 스스로 자기 삶의 주인이 될 때 가장 큰 행복을 느끼죠. 부모님 사회가 정해주는 인생의 방향에 맞춰가는 게 과거의 방식이었다면 이제는 내가 내 삶의 주인이 되는 게 바람직한 시대입니다.

자기 삶의 주인 되려면 스스로를 잘 알아야 해요. 어머니의 어긋난 사랑, 과도한 관심과 간섭은 착하디착한 모범생에게 '나'를 잃어버리게 했지만, 결과적으론 진짜 '나'를 찾아가는 여행을 시작할 수 있도록 안내한 계기가 되어주었죠.

그럼, 우리에게 필요했던 건 무엇이었을까요? 아마도 사랑의 기술(The Art of Loving)이 필요하지 않았을까요? 독일 태생의 미국의 정신분석학자이자 사회철학자인 에리히 프롬은 『사랑의 기술』에서 사랑은 즐거운 감정이 아니라 기술이라고 주장합니다. 삶에서 필요한 여러 가지 기술과 마찬가지로 사랑도 기술이기 때문에 지식과 노력이 요구되죠.

더구나 사랑은 받는 것이 아니라 주는 것이라는 점이에요. 말로는 안다고 하면서도 실제로는 반대로 행동을 하는 경우가 많다는 것입니다. 사랑의 문제는 '사랑하는(Loving)' 곧 사랑할 줄 아는 '능력'의 문제인데, 대부분의 사람들은 '사랑받는' 문제라고 생각한다는 것이 에리히 프롬의 지적이죠.

이것은 성숙하지 못한 사랑과 성숙한 사랑을 구분하는 중요한 요소입니다. '당신이 필요하기 때문에 당신을 사랑한다'라는 성숙하지 못한 사랑, 즉 '나는 사랑받기 때문에 사랑한다'라는 어린아이의 사랑과 같은 것이라고 할 수 있습니다.

그러나 성숙한 사랑을 하는 사람들은 '당신을 사랑하기 때문에 나에게는 당신이 필요하다'라고 생각한다는 점에서 큰 차이가 있습니다.

그래서 우리는 사랑의 기술을, 누군가를 사랑하는 방법을 끊임없이 배워야 합니다. 나이 들어서도 사랑의 기술을 익히고 실천하는 사람이야말로 진짜 어른일 것입니다. 꼰대가 되지 않고 표현하는 방법이기도 하고요.

그리고 한 가지 더 확실한 것은 사람의 진심은 언젠가 전달된다는 것입니다. 당시 가장 원망했던 사람이 나를 가장 사랑했던 사람이었다는 걸 죽음, 그 너머에서 찾았던 것처럼 말이죠. 인생길을 걷다 보니 유독 어머니와의 에피소드가 가장 많았던 건 아무래도 당신과의 추억이 가슴 속에 많이 남았기 때문이겠죠.

사랑, 삶

김하종

삶을 사랑해 본 사람이어야

사랑하는 삶을 살 수 있고

사랑하는 삶을 살 줄 아는 사람이어야

비로소 삶을 사랑할 수 있다.

사랑과 삶 사이에서

오직 사람만이 해낼 수 있기에

사람과 사람 사이에서

오직 사랑삶만을 살고 싶다.

6. 뜨거웠던 콩나물국의 추억

나이가 들면 가리는 음식도 줄어들기 마련입니다. 냄새만 맡아도 질색하던 청국장 냄새가 그립고, 삼겹살을 먹을 때 마늘이나 고추가 없으면 무언가 허전하기까지 합니다.

음식을 가리거나 편식하는 이유는 다양합니다. 음식 알레르기가 있거나 체질적으로 잘 맞지 않는 음식인 경우는 피할 수밖에 없죠.

하지만 못 먹지는 않지만 안 먹게 되는 음식들이 있습니다. 사실 눈 딱 감고 억지로 먹으라고 하면 먹을 수는 있어요. 하지만 입에 대는 것조차 힘겹습니다.

대부분 이런 경우는 어렸을 때 좋지 않은 경험이나 기억이 있기 때문이에요. 일종의 트라우마죠.

어렸을 땐 참 밥 먹이기 힘든 아이였어요. 할머니께서 집 앞 놀이터에 나와 간장으로 밥을 비벼 김과 함께 손수 먹여주어야 먹곤 했으니까요.

그날도 깨작거렸던 날이었나 봐요. 원래는 콩나물의 비릿한 향이 좋지 않았어요. 강한 고춧가루 양념이 들어간 무침 반찬이면 몰라도 콩나물국 못 먹겠더라고요.

그런데 그 순간 콩나물국이 머릿결을 타고 흘렀어요. 제대로 먹지 않는 제게 화가 나신 어머니께서 머리 위로 콩나물국을 부어버리셨어요. 병원에 가지 않았던 걸로 봐선 실제로 국이 그렇게 뜨겁지는 않았었던 것 같아요.

하지만 그 이후로 콩나물국을 볼 때마다 머리가 화끈거려요. 속이 울렁거리고 도저히 입에 가져가기가 힘들죠. 아이들에게 좋은 식습관을 만들어 주는 방법은 좋은 기억을 심어주는 일이라고 생각해요. 맛있게 먹었던 경험이 누적되면 좋아하는 음식이 되니까요.

학교 다닐 때 가장 즐거웠던 시간은 단연 점심시간입니다. 등교할 때부터 오늘의 식단이 궁금할 정도였으니까요. 그런데 점심시간이 지옥이 되기도 했어요. 급식지도라는 이름으로 식판을 검사하거나 남긴 음식을 억지로 먹도록 하는 경우가 많았죠.

사실 우리는 교육이라는 명목으로 어른들의 잣대를 강요하는 경우가 많아요. '남기지 말고 먹어'라고 지시하는 것이 아닌 '왜 못 먹겠니?'라고 질문을 하는 게 왜 그렇게 어려웠을까요?

어른이 된다는 건 먼저 물어봐 줄 수 있는 여유가 생기는 일이에요. 잠시 기다려 줄 수 있는 여지를 남기는 일이지요. 가끔은 정답을 알고 있더라도 말하지 않고 기다려 줄 수 있는 이야말로 진짜 어른이죠.

7. 차가웠던 수갑의 감촉

혹시 경찰서에 가보신 적이 있으신가요? 살면서 정말 가기 싫은 곳 중에 하나를 고르라면 단연 경찰서를 꼽을 것 같습니다. 왜인지 경찰서 앞에만 서면 잘못한 게 있는 것처럼 무섭고 위압적이죠.

그런데 절도죄로 경찰서에서 수갑을 차고 앉아 있었다고 생각해보세요. 얼마나 아찔하겠습니까? 7살인가, 8살이었나. 동네에 함께 살던 누나와 함께 집에서 비디오테이프를 빌려 만화영화를 보려고 했지만 비디오를 빌릴 돈이 없었어요.

그때, 장롱 안에 있던 저금통이 보이는 거예요. 신이 나서 500원을 꺼내 함께 비디오를 빌리러 갔죠. 하지만 어머니께 꼬리를 잡혀 그대로 경찰서로 끌려갔어요. 당시 경찰 아저씨는 어머니와 눈치를 주고받았는지 바로 쇠고랑을 채우셨죠.

"다시는 남의 물건에 손을 대면 안 되겠다!"

몇 마디의 훈계보다도 그 효과는 엄청났어요. 충격요법이 제대로 먹힌 거죠. 어머니께선 백 마디 말보다 단 한 번의 행동으로 진짜 교육을 하셨던 거였어요.

하지만 실제 사회는 봐주지 않아요. 아주 작은 것일지라도 잘못을 저지르면 처벌을 받게 되죠. 그것이 단지 빵 한 조각을 훔쳤다고 해도 말이에요.

고등학생 때 한창 '상벌점제'가 유행했어요. 학생들의 잘잘못을 기준을 나눠 벌점을 주던 제도였죠. 상점보다 벌점이 주된 목적이었던 것 같아요. 그런데 학교는 교육기관이잖아요. 처벌하는 곳이 아니라. '상벌점제'는 훈육할 의무가 있는 교사들의 직무 유기를 정당화하는 제도라고 생각했어요.

흔히 학교를 사회의 축소판이라고들 많이 이야기하잖아요. 학교 밖 사회의 안 좋은 것만 하나 같이 이식해 놓은 느낌을 지울 수 없었어요.

이때, 어머니와 함께 경찰서에 갔던 일이 생각났어요. 오히려 한 마을이, 학교 밖 사회가 함께 아이를 가르치면 어떨까? 한 아이를 키우기 위해 온마을 공동체가 공을 들이는 일이죠. 너무 이상적인 바람일까요?

8. 10월 29일, 우리는 그날을 떠올릴 수밖에 없었다.

지난 11월 5일, 이태원 참사 청년 추모행동에 이어 다시, 촛불을 들었어요.

다시, 촛불… 이 얼마나 비참한 일인가요?

기후변화로 강원도 강릉엔 봄인줄 착각한 개나리와 사과꽃, 철쭉 등이 활짝 피었다고 해요. 조만간 한겨울 한파에 얼어 죽고 말거에요. 그 모습이 마치 지난 겨울 매주 토요일마다, 서울을 오가며 만들어낸 벚꽃 대선같아 처량합니다.

지난 5년, **빼앗긴** 촛불.

거대야당은 지난 5년간의 시간을 허비하고 정권을 내주더니 180석(물론 점점 줄긴 하더라;;)을 갖고도 집권여당만 탓하고 집권한 여당은 전 정부 탓만 하더니 급기야 아직도 야당인줄 아는지 민주당에 가서 따지라는 말을 자주 합니다.

사실 다시 촛불을 드는 게 쉽지 않았어요. 그 자체로 짐이 되는 행보들이 없지는 않았으나 구호라고는 윤석열 퇴진과 김건희 특검 밖에 없는 촛불은 정작 우리의 삶과는 너무 괴리되어 보였어요.

하지만 책임질 줄 모르는 정부가 일사불란한 추모를 강요하더니 이제는 일선 소방관과 경찰관에게 책임을 전가하고 꼬리자르기를 시도하고 있는 모습을 보며 너무하다 싶었습니다.

지난 참사를 통해 배운 것이라곤 어떻게 하면 더 빨리 덮고 지울 수 있을지를 궁리하는 비열한 수작질 밖에 없었던걸까요?

참사의 대책이라고 교육부는 일선 교육현장에 CPR교육과 안전 교육 강화 지시를 했습니다. 과연 이 참사가 심폐소생술을 못 해 일어난 걸까요? 과연 그날 세월호의 승객들이 생존 수영을 하지 못해 죽었느냔 말이에요.

세월호 세대,
8년전 침몰하는 배를 하루종일 쳐다보며 두 눈 뜨고 친구들을 잃어야 했던 우리는 서울 한복판에서 또 친구들을 잃었습니다.

10월 29일, 우리는 내색하지 않았지만 그날의 참사를 다시 떠올려야만 했어요. 4월 16일의 상흔이 만든 트라우마와 함께 말이죠. 세월호 참사가 남긴 집단 트라우마는 대형 참사가 반복될 때마다 우리는 반복해서 떠올리게 될 것 같아요.

그런데 트라우마와 함께 "가만히 있지 않겠다"라고 약속했던 그 다짐까지도 함께 생각해요. "가만히 있으라"는 선내 방송과 당시 정부의 태도에 우리는 가만히 있지 않았거든요. 가만히 있지 않았던 우리 또래 친구들이야말로 촛불의 주역이었습니다.

2022년 11월 12일, 반복되는 참사와 다시, 촛불을 들고 있는 현실이 무척이나 아프고 힘들어도 서로의 손을 꼭 잡고 다시 광장으로 나온 우리 친구들과 내 손으로 세상을 바꿔보겠다며 전국노동자대회에 참가했던 당당한 10만의 노동자들을 보았어요.

쏟아지는 폭우에도 그 자리를 지켜내는 그들의 모습을 보니 온몸이 비를 맞아 축축해진 자리에 조금씩 온기가 되살아나는 듯했죠. 다시, 뭐라도 해야겠다는 마음과 함께.

사실, 이렇게 책임을 회피하는 행태는 여기저기서 찾아볼 수 있어요. 대학 시절, 새내기 새로 배움터를 준비하던 때였어요. 세월호 참사 이후 대부분에 학생활동이 금지되거나 축소되던 시기였죠.

학교는 여느 때처럼 외부로 나가지 말고 학내에서 새터를 진행하기를 원했어요. 그런데 새터 일정 중 음주는 공식 일정을 마치고 학교 밖에서 마시라고 요구했죠. 학교 밖에서 일어나는 일에 대해서는 학교 책임이 아니라는 뜻이었어요.

하지만 우리는 학내에서 관리가 필요하다고 주장했어요. 책임지는 위치에 있던 총학생회라면 당연히 그렇게 했어야 한다고 생각해요. 관리 책임을 지다가 만약 사고가 나더라도 가장 괴롭고 힘든 사람 또한 그 책임자일 거예요. 그럼에도 불구하고 그 책임을 기꺼이 지겠다는 결심이었던 거던 거죠.

책임지지 않는 정치인들과 정부의 태도는 세월호 참사와 10.29 참사가 다르지 않았어요. 우리의 눈엔 기후위기 문제를 바라보고 있는 어른들의 태도도 이와 다르지 않아요.

대비를 했더라고 해도 사고는 발생할 수 있어요. 하지만 우리에게 중요한 건 대비를 했느냐, 하지 않았느냐입니다. 대비를 충분히 했는데도 발생한 사고에 대해 분노하지 않아요. 누가 봐도 허술했다는 데서 오는 분노입니다. 오히려 책임을 전가하고 회피하려는 모습에 화가 나는 것입니다.

어른이 된다는 건, 자신의 선택에 응당 책임을 기꺼이 질 수 있는 사람이 되는 일입니다. 이 핑계, 저 핑계를 대며 지금, 이 순간만을 무마하려는 태도야말로 정말 어른답지 못한 태도입니다.

9. 선생님을 닮은 스승이고 싶었습니다.
- '붙쌈꾼' 백기완이 없는 거리에서

선생님을 닮은 스승이고 싶었습니다. 찬 바람 부는 아스팔트 바닥에 앉아 오랜 시간 동안 화장실 한 번 가지 않으시고 끝까지 현장에 남아 민중과 함께 하시던 모습이 아직도 선합니다.

4년 전 86세 노구의 몸으로 주변 사람들에게 짐이 되고 싶지 않다고 말씀하셨던 것이 기억에 남습니다. 집회 중간에 화장실에 가지 않으시려고 집회 전에 물 한 모금도 마시지 않고 오셨어요. 당신께서 움직이시면 주변 모두가 불편해진다고 생각하셨기 때문이죠.

그러한 선생님의 모습을 보며 노동자 민중의 치열한 싸움터로 가는 길에서도 스타벅스 아메리카노 한 잔을 포기하지 못했던 내 손이 참 부끄러웠습니다. 집회 중간 화장실을 들락날락하던 모습이 부끄러워 차마 고개를 들기 어려웠어요. 집으로 돌아가는 ITX 기차 안에서 스스로 반성문을 쓰지 않고는 견디기 어려웠었죠.

추운 겨울 비정규 청년노동자의 죽음을 애도하러

광장으로 나서는 너의 두 손에 들린

따뜻한 스타벅스 아메리카노 한 잔.

잔혹의 거리를 흐르는 눈물 닦으면서도

차마 커피 한 잔을 내던지지 못하는

너의 이름은 노동자다.

2년 전 구의역 그 자리를 그냥 지나지 못해

한참을 멈춰 서 있던 그 시절을 아직 기억한다.

- 김하종, <반성문: 어느 비정규직 청년 노동자의 죽음에 부쳐> 中 -

백기완 선생님은 제게 민중과 함께 한다는 것이 진정 무엇인가를 알려주신 스승이셨습니다. 2009년, 남일당 망루가 타오르던 날, 2014년, 세월호 아이들이 바닷물에 수장되던 날, 2015년, 친일과 독재의 역사를 왜곡하려 온갖 소동을 일으켰던 역사 쿠데타 세력에 맞섰던 날, 백남기 열사가 국가가 저지른 폭력에 무참하게 쓰러지던 날. 당신은 언제나 민중들과 함께 역사의 현장 속을 누비었습니다.

당신은 언제나 이 땅에 소외되고 투쟁하는 사람들 곁에 계셨습니다. 아마도 당신이 없었던 곳을 찾는 것이 더 어려울 거에요. 2016~2017년, 박근혜 퇴진 촛불집회가 한창이던 시절. 심장은 뜨겁게 타올랐습니다.

87년 이루지 못했던 민중의 염원이 다시 폭발하는 광경을 두 눈으로 보고 있다는 것만으로도 북받치는 감정을 억누를 재간이 없었죠. 하지만 두 달, 석 달이 지나고 사상 최다 인원을 경신하면서도 아무런 미동이 없던 청와대를 보며 우리의 행동에 대해 의심하기 시작했어요.

> "과연, 매주 반복되는 평화로운 집회가
> 대체 무엇을 바꿀 수 있을까?"

그 의심은 어쩌면 단지 매주 토요일마다 서울을 올라가는 게 힘들어서 핑계를 찾고 있었던 건지도 모르겠다. 그것이 아니면 역사의 진보와 민중의 힘에 대한 믿음이 부족했던 것일지도 모르겠다. 믿음이 부족했던 나에게 묵묵히 자리를 지켰던 당신의 모습은 정신이 번쩍 들게 했다.

군사독재에 맞서 숱한 고초를 겪고 온갖 반동 세력의 공격에도 버텨내셨던 백발의 투사가 아직까지도 추운 아스팔트 바닥에 비를 맞으며 앉아 있는 모습 앞에 참 많이 부끄러웠습니다. 그 모습을 보고 발걸음을 다시 광화문으로 돌리지 않을 수 없었어요.

당신은 우리에게 싸우는 법을 가르치셨고 우리에게 염치란 무엇인지를 알려주셨습니다. 결국 박근혜 대통령은 탄핵되었고 역사의 주인은 민중임을 확인할 수 있었죠. 촛불 항쟁의 기억은 나에게 지금의 활동을 지속할 수 있게 해 하는 신념으로 자리 잡았습니다.

87년의 선배들이 그러했던 것처럼 말이죠. 하지만 87년 6월 항쟁이 미완의 혁명으로 그친 것처럼 촛불항쟁도 수많은 사회적 과제를 남겼어요. 촛불 항쟁 직후에는 1년간 추운 겨울 그렇게 고생한 결과가 대통령 하나 끌어내는 것에서 그치고 말았다는 좌절감에 괴로워했죠.

그러던 찰나, 이번엔 선생님의 글과 말이 마음을 움직였습니다. 2017년 촛불 항쟁 이후 출간한 문정현, 백기완 두 어른의 대담집인 『두 어른』이 바로 그것입니다. 백기완 선생님의 말씀은 항상 따갑고 투박했지만, 나이를 초월한 시대의 동료들에게 건네는 위로와도 같았습니다. 시대의 두 어른의 삶과 말씀은 끊임없이 역사의 진보를 의심해왔던 한 청년에게 확신을 심어주셨고 젊은 운동가의 길을 걷게 했던 것 같아요.

젊은이 여러분,

몇 년은 못살았지만 살기가 좀 힘들죠?

그런데 진짜 힘든 게 뭔지 아세요?

여러분을, 이 세상을 올바르고

아름답게 꾸미는 주역을 만들 생각을 안 하고

썩어 문드러진 놈들이 만든 틀 거리를 일구는데

이만한 못 하나 돼라, 아니면
벽돌 한 장이 되라고 여러분한테 강요하는 거
바로 여러분들의 창조적인 주체성을 박탈해서
허공에 집어던지는 거

그게 바로
여러분의 생명에 위협을 받는 어려움일 겁니다.

그러니 젊은이 여러분
사람이 사람으로 살 수 없는 이 사회에
한 조각 못 아니면 벽돌 한 장이 되어서
그냥 낀 대로 살 생각하지 말고

> 사람이 사람으로 살 수 있는 세상으로 만드는
> 주역이 되고자 몸부림을 쳐 보세요.
>
> 그러면 똑같은 일 초를 살더라도
> 영원으로 살 수 있을 겁니다. 영원.
>
> 젊은이 여러분!
> 젊은이 여러분. 힘을 내세요.
>
> -뉴스타파 목격자들, 〈불쌈꾼 백기완〉 中 -

선생님은 노동자 민중의 스승이자, 아버지이자, 친구셨어요. 그의 말과 글에는 강력한 힘이 있었죠. 그는 우리에게 투쟁하는 삶을 가르치셨습니다. 모든 투쟁하는 이들에게 당신의 말과 글은 가장 강인한 무기였다.

당신은 시라고는 사랑 시 밖에 모르고, 노래라고는 사랑 노래 밖에 몰랐던, 한 젊은 시인에게 민중을 사랑해야만 진정한 시를 쓰고 노래할 수 있다는 사실을 깨닫게 해 주셨습니다.

시는 무기다

배고픈 이들에게

가장 배부른 무기다

시는 무기다

세상 추운 이들에게

가장 따뜻한 무기다

시는 무기다

투쟁하는 이들에게

가장 강인한 무기다

당신의

가슴속 깊은 곳에 따스히 자리하여

우리 삶을 보듬을

가장 포근한 무기다

시는 무기다

탐욕스럽고 불의한 이들에겐

가장 따가운 무기다

네 놈들

가슴속 깊은 곳을 쿡쿡 찌르며

평생을 짓누를 가장 잔혹한 무기다.

- 김하종, 〈시는 무기다〉 中 -

군에서 장교로 복무하면서 가장 존경하는 인물을. "세종 이도와 충무공 이순신, 그리고 불쌈꾼 백기완."이라 적어냈습니다. 시대의 스승이자 진정한 지도자 중 한 분이었다고 생각했기 때문이에요.

시대의 스승의 모습을 보면서 교육대학교를 졸업하고 그냥 그저 그런 스승이 되고 싶지는 않았어요. 적어도 정규직 철밥통 교사 공무원이 되고 싶지는 않았죠. 민족사도 준천교육대학교, 자주 춘천교육대학교를 졸업했다고 한들 누군가의 스승이 되기에는 제 그릇이 너무도 초라하고 작아 보였습니다.

문화가 뭐예요?

문화는, 문화는

눈을 뜨고 있어도 앞이 안 보일 때

가랑잎이라도 모아서 불을 지펴가지고

앞을 밝혀 주는 것을

문화라 그러는 겁니다.

맞습니다.

문화라고 하는 것은

추위 떠는 우리들의 몸을

따시게 해 줄 뿐만 아니라

보이지 않는 앞을 밝혀주는 것

요걸 가지고서 문화라 그러는 겁니다.

그런데

우리가 지금 쓰레기를 모아가지고

불을 땡겨서

보이지 않는 앞을 당기고 있어요?

"하고 있냐고!"

스스로 약해질 때마다 당신께서 치시는 불호령에 정신을 번뜩이고는 했어요. 벌써부터 당신의 빈자리가 그립습니다. 당신은 이제 없지만, 그의 불같은 외침이 가슴 속에 깊숙이 박혀 "눈을 뜨고 있어도 앞이 안 보일 때 가랑잎이라도 모아서 불을 지펴 앞을 밝혀주는 그런 스승의 삶"을 감히 꿈꿉니다.

당신이 임종 직전까지도 차마 놓지 못하였던 "중대재해기업처벌법 제정" "김미숙, 김진숙 힘내라!" "노나메기"가 생각나는 요즘입니다. SPC 제빵노동자가 소스 배합기에 끼어 죽고, 지하철 스크린도어를 수리하던 노동자가 또 죽었습니다. 그런 와중에도 정치권은 중대재해기업처벌법을 개악하겠다고 나서고 있어요.

하지만 반동의 파고가 높아지면 높아질수록 당신이 이야기했던 너도 일하고, 나도 일하고 그리하여 모두가 올바로 잘 사는 그 "노나메기" 세상을 열어내겠다는 다짐을 더 굳게 합니다.

10. 한 여름날, 비가 쏟아지던 날 반지하에서

초등학교 2학년, 새 아파트로 이사 가기 전까지 우리 집은 반지하였습니다. 하지만 어린 시절 특별하게 가난하다고 느끼지는 못했어요. 없는 살림에도 맨 우선 첫째 아들을 챙겼던 부모님 덕분일 테죠. 어린 시절 추억 대부분은 반지하 집에서의 기억들입니다.

문턱에서 슈퍼맨 놀이를 하다가 눈썹이 찢어지고, 수두에 걸려 집 밖으로 나가지 못했던 밸런타인데이에 초콜릿을 들고 찾아와 준 친구와의 추억 그리고 벽지 곳곳에 새겨넣은 낙서 조각들까지, 내 어린 시절 기억 속 켜켜이 박혀있는 기억 조각 대부분은 이 시절에 겪었던 이야기들입니다. 그중에도 그날의 기억은 아직도 촉감마저 생생합니다.

잠에서 깨어나는 방법은 다양해요. 알람 소리나 어머니 잔소리에 깨기도 하고, 따스하게 내리쬐는 햇빛을 마주하며 부스스 눈이 떠지기도 하죠. 잠에서 어떻게 깨었느냐에 따라 그날 수면의 질과 하루 컨디션이 결정될 정도로 삶에 아주 중요한 요소 중 하나입니다.

그날은 참으로 섬뜩하게 잠에서 깼어요. 머리맡에 닿는 차가운 감촉은 지금까지도 잊히지 않습니다. 그날의 기억을 떠올릴 때마다 몸에 소름이 끼쳐 어쩔 줄을 모르겠어요.

한 여름날 비가 억수로 쏟아진 날, 반지하에서의 기억입니다. 비가 많이 내리는 날, 싱크대에서 물이 역류해 잠을 자던 방 안까지 들이친 거예요. 그리고 그 싱크대를 역류해 쏟아진 물은 어린 나의 머리에 제일 먼저 가닿았습니다.

이날의 기억을 다시 소환하게 된 것은 비교적 최근입니다. 지난 2022년 8월, 수도권에 폭우가 내리던 날이에요. SNS에서는 완전히 침수된 서초역 인근 제네시스 차량에 초탈한 기자의 사진이 밈이 되어 돌아다니기도 하고, 지하철역이 침수되어 정차하지 못하고 그냥 지나치는 장면들이 영상에 담겨 곳곳에 퍼졌습니다.

트위터와 인스타그램 곳곳이 수도권 폭우 현장 소식으로 가득했죠. 수많은 밈의 홍수 속에서 웃고 떠드는 댓글이 넘쳐났지만 차마 웃을 수가 없었습니다. 밤이 지나고 새벽까지 실시간으로 업데이트되는 사망자와 실종자 소식에 잠을 잘 수가 없었어요. 이른 새벽, 신림동 반지하에 들이친 빗물로 일가족이 사망했다는 소식을 접하는 순간 침대에서 몸을 일으킬 수 없었습니다. 그렇게 누운 채로 한참을 울었어요.

이런 게 말로만 듣던 기후 우울증일까? 주변에 함께 기후 운동을 하던 친구들도 그날이 무척이나 힘들었다고 고백해요. "내가 좀 더 열심히 했더라면 이 참사를 막을 수 있었을까?", "과연 우리가 이 재난을 넘어 위기를 막을 수 있을까?" 오만 가지 생각이 들어 울고, 가슴 아파하면서 말이죠.

그동안 기후위기는 가장 낮은 곳에서부터 찾아올 것이고, 재난은 불평등할 것이라고 주장했습니다. 우리의 염려는 점점 현실이 되고 있어요. 반지하에 살던 발달장애인 언니와 어린 아이가 죽고 여성이 죽었습니다. 그리고 비가 아무리 와도 군말 없이 전기 작업을 하러 나갈 수밖에 없는 노동자가 감전되어 죽었죠.

2030년, 자신이 다니는 학교와 인천공항이 잠길 것을 걱정하던 내 친구 재봉이는 지난 폭우에 집의 전기가 나가고, 아르바이트하는 샌드위치 집은 침수되었습니다. 지난 9월, 태풍 힌남노가 한반도를 강타하던 날, 인터넷과 TV에서는 경상북도 경주시 건천읍에 있는 송선저수지가 붕괴 위험에 처했으니

저지대 주민은 즉시 대피하라는 안내가 나왔습니다. 그런데 그곳은 다름 아닌 기후위기가 전 지구적으로 심각한 문제인 것은 알지만 나와는 무관한 일이라고 말하던 한 후배의 외할머니댁이 있던 마을이었어요. 재난은 이만치나 우리의 삶에 가까워졌습니다.

앞으로 기후재난은 더 자주, 더 강하게 우리의 삶을 넘볼 것입니다. 2022년의 기후재난이 어린 시절, 트라우마를 불러일으켰다면 지금의 기후재난은 또다시 누군가에게는 잊히지 않을 트라우마로 남았을지도 모르겠네요.

우리는 과연, 21세기 대한민국에 반지하는 왜 아직도 존재하느냐는 물음을 던져야 합니다. 사람이 사람답게 살만한 곳이 아니에요. 신림동 참사가 있고 난 이후로 정치권에서는 반지하를 다 없애겠다고 선언했어요. 서울시는 20년 안에 반지하를 없앨 것이라고 공언했죠.

서울지역 반지하는 남북한이 대치하고 있는 상황과 산업화 시대의 복합적인 산물입니다. 1970년대 건축법이 개정되면서 전시에 '벙커'로 사용할 수 있도록 신축 주택은 반지하를 반드시 포함하도록 처음 등장했어요. 1980년대 사람들이 서울로 몰려들면서 거주 공간이 부족해지자 용적률 제한에 포함되지 않는 보너스 공간으로 반지하의 법적 위상이 달라졌습니다. 1980년대 후반엔 다세대·다가구 건물도 반지하를 허용하면서 더욱 많은 반지하 주택이 지어졌어요.

반지하는 1인 가구 등 우리 사회 취약계층 서민들의 고단한 삶을 대변하는 상징물이었습니다. 그동안에도 추위, 더위는 물론 수해 등 자연재해 위험에 노출돼 있어 거주민들의 피해가 끊이지 않았죠. 하지만 당장에 반지하 퇴출은 비현실적입니다. 반지하가 사라지면 갈 곳이 없기 때문입니다.

반지하에 사는 이들에게는 당장 월 10만~20만 원의 주거비가 늘어나는 것 자체가 현실의 높은 벽이에요. 반지하 주택이 밀집한 신림동·응암동·사당동에선 같은 건물 반지하와 지상층의 월세가 최고 2.5배나 차이가 난다고 해요. 월세 수준이 비슷하더라도 추가 보증금이 더 많이 필요한 것이 현실입니다. 뚜렷한 이주 대책 없는 반지하 없애기는 오히려 고통을 가중할 뿐입니다.

우리는 21세기 대한민국에 반지하는 왜 아직도 존재하느냐는 물음을 바꿔 왜 아직도 사람들은 돈이 없다는 이유로 반지하라는 열악한 주거환경으로 내몰려야만 하는지를 물어야 합니다. 이토록 잔인한 현실을 양산하는 사회구조에 천착해야 하죠. 과연 어디서부터 어떻게 잘못된 것일까요?

4부.
우리에게 '한국의 그레타 툰베리'는 필요 없다.

이제 '기후위기'를 빼고 삶을 논하기는 어려울 거예요. 『서른 즈음, 어른이란 길목에서』 지면의 절반을 기후위기 이야기로 채운 이유입니다.

기후위기를 대하는 사람들의 태도와 감정선을 따라가 보면 곧 그가 삶을 대하는 태도와도 맞닿아 있어요. 기후위기는 '책임'의 문제와 뗄 수 없는 문제이거든요. 무슨 이야기냐고요? 이제부터 차근차근 설명해드릴게요.

1. 인간이 활동을 멈추자 지구에게 생긴 일

코로나19는 지난 2019년 12월 중국 후베이성 우한에서 처음 발생한 뒤 전 세계로 확산된, 새로운 유형의 코로나바이러스에 의한 호흡기 감염 질환입니다.

중국 정부는 2020년 1월 21일 우한 의료진 15명이 확진 판정을 받았다며 코로나 19의 사람 간 감염 가능성을 공식 확인하였고 이후 감염 확산세가 이어지자, WHO는 1월 30일 '국제적 공중보건 비상사태'를 선포하였습니다. 그러다 코로나 19 확진자가 전 세계에서 속출하였고 WHO는 3월 11일 홍콩독감(1968), 신종플루(2009)에 이어 사상 세 번째로 '세계적

대유행(팬데믹)'을 선포하기에 이르렀죠.

코로나19 팬데믹 이후 인간은 활동을 멈추었습니다. 얼마 전만 해도 세계화를 통해 전 지구가 하나의 마을이 될 것처럼 '지구촌'이라는 말이 대유행이었어요. 하지만 코로나19는 국가 간에 장벽을 다시 세우게 했고, 지금은 어느 때보다 국경이 선명해졌죠.

하루에도 수백 번 하늘과 바다를 넘나들던 비행기와 선박은 멈추었고 매일 수많은 양의 제품을 찍어내던 전 세계의 공장들이 멈추었습니다. 그러더니 봄철 대한민국을 괴롭히던 중국발 황사와 미세먼지가 사라졌어요.

지구시스템 과학자 브룩 마셜에 따르면 중국에서 록다운 등의 조치로 탄소 배출량이 25%가 감소하고 질소산화물 배출량이 50% 감소해 2개월 동안 적어도 77,000명의 목숨을 구한 것으로 추정하고 있습니다. 이처럼 코로나19는 많은 지역에서 대기오염과 수질오염을 줄이는 데 기여하고 있었답니다.

멸종위기에 처했던 동물들은 다시 서식지로 돌아오고 점차 시간이 흐르자 파괴되었던 해양생태계는 스스로 복원되기 시작했어요. 산업화 이후 오늘날까지 인간이 지구 생태계에 얼마나 피해를 끼치고 있었는지는 비로소 인간이 활동을 멈추자 금방 눈에 띄기 시작했습니다. 이러한 효과는 14세기 유라시아와 16~17세기 북미와 남미의 과거 유행병 이후에도 관찰할 수 있어요. 인간은 스스로도 지구를 망가뜨리고 있다는 사실을 잘 알고 있었지만 애써 외면해왔습니다. 경제 성장이라는 전 국가적 대의명분을 내세워서 말이에요.

1997년 12월 일본 교토에서 개최된 기후변화 협약 제3차 당사국총회에서는 교토의정서를 채택했습니다. 교토 프로토콜이라고 불리는 교토의정서는 지구온난화 규제 및 방지를 위한 국제협약인 기후변화 협약의 구체적 이행방안입니다. 교토의정서가 채택되기까지는 온실가스의 감축목표와 감축 일정, 저소득국가의 참여 문제에 관한 고소득 국가와 저소득국가 간의 의견 차이로 대립을 겪기도 했지만, 2005년 2월 16일 공식 발효되었어요.

교토의정서의 주요 내용은 고소득 국가의 구속력 있는 감축목표 설정과 공동이행, 청정개발체제, 배출권거래제 등 시장원리에 입각한 새로운 온실가스 감축 수단의 도입, 국가 간 연합을 통한 공동 감축목표 달성 허용 등을 골자로 합니다.

교토의정서가 채택되고 무언가 바뀔 것처럼 홍보했지만 빈 수레가 요란했을 뿐 지난 20년간 귀중한 세월만 허비해왔습니다. 2020년 교토의정서 만료에 따라 대체되는 파리 기후변화협약에 따른 각국의 온실가스 저감 계획이 완전히 수행된다고 해도 이번 세기말에 지구 기온은 3도 이상 상승해 파국을 맞으리라 전망해요.

유럽의 흑사병도, 현대의 코로나19라는 바이러스도 인류를 전부 멸종시키지는 못했습니다. 그토록 처참했다던 유럽의 흑사병마저도 유럽 인구의 1/3밖에는 죽이지 못했어요. 분명 바이러스는 나머지 2/3도 죽이고 싶어 했을지도 몰라요. 하지만 바이러스는 전염병이 유행할 때마다 의도하든 의도하지 않았든 사회적 거리가 벌어진 인간들 탓에, 그들을 전멸시킬 수 없었습니다.

그러나 기후위기는 다릅니다. 최후의 1인까지도 끝까지 찾아내어 죽이고 말 거에요. 우리가 사력을 다해서 기후위기에 대응해야 하는 이유입니다. 그것이 기후위기를 늦추기 위해 탄소 배출을 급격히 줄이는 일이든, 이미 올 수밖에 없는 예정된 기후위기에 적응하는 일이든 말이에요.

그렇기 때문에 우리가 선택할 수 있는 선택지는 오로지 기후위기 대응을 위한 행동에 나서는 것 뿐입니다.

어쩌면 인간은 코로나19 팬데믹을 통해 기후위기라는 한층 더 심각한 '다음 위기의 리허설'을 하고 있는지도 모르겠습니다. 포스트코로나 시대를 준비하는 인류는 기후위기에 대한 심각성을 제대로 인지해야 해요.

위기는 위기로 받아들이고 즉각 대응해야 합니다. 기후위기는 먼 미래를 대비하기 위해 불확실한 목표를 세우는 데에만 만족하고 그치는 문제가 아니라 지금 당장 탈탄소, 탈석탄에 필요한 행동을 감행해야만 하는 시급한 문제로 다루어야 합니다.

2. 코로나19가 기후변화 때문이라고?
"기후변화로 인한 지구온난화 그리고 코로나19"

코로나19 팬데믹은 여러모로 기후위기라는 한층 더 심각한 '다음 위기의 리허설'이라고 볼 수 있습니다. 감염병 위기를 대응하는 것은 기후변화로 인한 더 큰 위기를 대응하는 양상과 거의 비슷하기 때문이에요. 뿐만 아니라 코로나19와 기후변화는 그 자체로도 서로 연결된 위기입니다.

코로나19가 준 가장 큰 교훈은 세상은 전부 연결되어 있다는 사실을 알려주었다는 점이에요. 코로나19와 같이 동물로부터 옮아간 전염병을 '인수공통 감염병'이라 부릅니다. 인수공통 감염병이란 동물과 사람 간에 서로 전파되는 병원체에 의하여 발생되는 감염병으로, 일반적으로는 '동물이 사람에 옮기는' 감염병을 지칭해요.

전체 감염병 중에서 동물이 사람에 전파하는 감염병은 70%에 이르는 것으로 알려져 있습니다. 하지만 최근에는 바이러스가 인간에서부터 시작해 야생동물에까지 피해를 끼치는 사례도 늘어나고 있어요.

> "기후변화와 그로 인해 사라질 생물 다양성,
> 그 문제에 코로나19로 연결되어 있다."
>
> -최재천(이화여자대학교 석좌교수)-

과거 사스나 메르스 그리고 코로나19까지 대부분의 바이러스는 모두 박쥐로부터 왔다고 해요. 원래 박쥐는 열대지방에 서식하던 동물입니다. 하지만 최근 기후변화로 인한 지구온난화 현상으로 지구 기온이 서서히 올라가면서 기존 온대지방으로 서식지를 확장하고 있어요. 그래서 온대지방에 주로 살아가던 인간은 박쥐와 조금씩 물리적인 거리가 가까워지고 있죠.

인간이 숲을 파괴하면서 야생동물의 서식지가 훼손되어 이들을 숙주로 하는 바이러스가 인간에게 옮아왔고 또 숲이 줄어든 결과로 숲이 저장할 수 있는 이산화탄소가 대기 중에 더 많이 배출되면서 기후위기가 심해지는 악순환에 빠집니다.

> "신종 인수공통 감염병과 기후변화가 '숲의 파괴'에서 비롯되었다."
>
> -윤순진(서울대학교 환경대학원 교수)-

대한민국은 저출생 때문에 고민이 아주 많아요. 하지만 지구 생태계를 한꺼번에 놓고 보면 저출생은 반가운 일일지도 모릅니다. 모든 환경문제는 궁극적으로 인구문제에서 기인한 것이기 때문이에요. 쉽게 말해 사람이 너무 많아서 환경에 문제가 생기는 것이죠.

과거 산업혁명 이후 미친 듯이 탄소를 배출하여 경제성장을 일군 소위 선진국(고소득 국가)들이 자국민의 숫자가 준다고 출생률을 높여야 한다고 목소리 높이지만 지금도 호모 사피엔스라는 종의 숫자는 폭발적으로 늘어나고 있습니다.

상대적으로 생활공간이 더 필요한 인간들은 끊임없이 숲을 베어내고 서식지를 잃어버린 야생동물들은 우왕좌왕하는 상황이 발생해요. 과거엔 만나지 않았던 사람과 야생동물이 환경파괴로 인해 서로 만나게 되면서 코로나19로 대표되는 인수공통 감염병이 늘고 있다. 넓게 보면 이 또한 기후변화의 영향이라고 볼 수 있습니다.

한국기후변화학회 전문가들을 대상으로 실시한 설문조사에 따르면 앞으로 감염병의 발생 주기가 3년 이내로 단축될 것으로 예상한다는 답변이 40%에 이릅니다. 이제는 더 이상 인간만 생각하고는 지구에서 살아갈 수 없어요. 지구에서 인간 아닌 것들과 함께 살아가고 있다는 사실을 더는 애써 부인하고 싶어도 부인할 수 없는 지경에 이르렀습니다. 코로나19에서 기후위기까지, 이제는 인간의 존재 자체가 위협받고 있습니다.

이제 우리에게 남은 선택은 단 한 가지다. 전 인류가 하나같이 브레이크 없는 경주를 하다가 다 같이 멸종할 것인가? 아니면 지구상에 인간 아닌 모든 것들과 함께 속도를 맞춰가며 다 같이 살 것인가? 앞으로의 세계는 지금까지 우리가 알아왔던 세계와 완전히 다를 것입니다.

하지만 그 세계를 어떤 모습으로 만들어 갈 것인지는 온전히 우리 손에 달려있어요. 이제껏 지구를 망쳐 놓은 무분별한 개발체제와 대량생산 체제 등 온갖 사회체제들은 인간의 탐욕에 기대어 인간 스스로 만들어낸 것입니다. 그러니 우리는 인간이 가진 이타주의적 사랑에 힘입어 이 체제를 다시 스스로 뒤바꿔 낼 능력을 지니고 있다고 믿습니다.

3. 지구온난화, 그거 거짓말 아니었어요?
"거짓 정보의 홍수 속에서 살아남는 법"

기후위기는 더 이상 먼 미래의 일이 아닙니다. 2020년 8월 말 그린피스 서울사무소는 부산 해안가와 인천공항 대부분이 물에 잠긴 시뮬레이션 영상을 공개했어요. 2019년 10월 국제환경단체 '클라이밋 센트럴'이 국제학술지 '네이처 커뮤니케이션스'에 발표한 연구 결과를 바탕으로, 온실가스 감축 노력 없이 기후변화가 지속될 경우 물에 잠길 수 있는 한반도 해안가 저지대를 보여줍니다.

향후 10년간의 해수면 상승과 대형 홍수가 결합하면 서울 면적의 10배가 넘는 지역이 물에 잠기고, 332만 명의 시민이 직접적인 침수 피해를 당한다는 결과도 있어요. 그린피스는 2030년 해수면 상승과 10년에 한 번꼴로 발생하는 강도의 태풍이 더해지면 부산 해안가와 인천공항(왼쪽부터) 등 한국 영토 일부가 물에 잠길 것으로 전망해요.

2030년 기후변화 시나리오(출처:그린피스)

그런데 주변 사람들에게 '2030년에 인천공항이 잠긴다는데?' 라는 말을 넌지시 해보면 대부분 별일도 아닌 듯 아무렇지 않게 받아들이곤 해요. 대학생기후행동 강원지부 세미나를 하는 중에도 지부원들이 친구들에게 기후위기가 먼 미래의 일이 아니라고 이야기하면 거짓말 아니냐는 반문을 자주 듣는다고 하소연을 하죠.

왜 주변 사람들은 그런 반응을 하는 걸까요? 우선 기후위기의 현실이 터무니없이 거대하기 때문일 거에요. 마치, 재난영화 속에나 나올 법한 일들처럼 보이기 때문이죠. 그렇기 때문에 너무 비현실적으로 느껴지거나, 실제로 감당하기에는 너무나 거대해서 현실 도피를 위해 애써 부정하는 것일지도 모르겠어요. 그래도 주변 지인이나 친구들에게 기후위기를 부정하는 이야기들을 들을 때는 기후 행동을 더 열심히 해야 할 명분을 찾은 것 같아 오히려 더 긍정적입니다.

하지만 그 대상이 정치인이거나 기업 총수일 경우 상황은 매우 달라져요. 특히, 결정할 수 있는 영역이 넓고 권한이 많은 사람일수록 사회에 미치는 영향은 훨씬 치명적이기 때문이에요. 우리가 알고 있는 세계적인 기후 부정론자를 꼽으라면 도널드 트럼프 전 미국 대통령이 대표적이죠.

2019년 초 미국 중서부와 동북부에 남극보다 추운 한파가 덮쳤습니다. CNN은 북극에서 불어오는 바람으로 미국 중부에 기록적인 한파가 몰아쳐 최저기온이 영하 53도를 기록할 수 있다고 보도했어요. 특히, 시카고 지역은 25년 만에 사상 최고의 한파를 기록했죠. 오대호 주변인 미시간, 위스콘신주 일대는 최저기온이 영하 25도까지 떨어졌습니다.

이처럼 미국을 공포로 몰아넣은 이 역대급 한파는 북극 주변 바람이 남하하면서 발생했어요. 아프리카 북서부의 모로코에서 이상기후로 기온이 급상승하면서 북극의 기온도 상승했고 결국 북극의 '극 소용돌이'(polar vortex)로 불리는 차가운 바람을 밀어내는 결과를 가져온 것이죠.

한편, 트럼프 대통령은 트위터에 "미국 중서부의 체감온도가 영하 51도를 기록하고 있다"라면서 "지구온난화는 도대체 어떻게 된 건가? 지금 당장 (지구온난화가) 필요하다"라는 바보 같은 트윗을 남겼습니다. 이에 미국 국립 해양대기국은 트위터에 "겨울 폭풍은 지구온난화가 일어나지 않는다는 것을 증명하지 못한다"라고 반박하는 해프닝이 벌어지기도 했어요.

대통령이 되기 전부터 지구온난화는 거짓이라며 기후 부정론자로서 일관된 태도를 이어왔던 트럼프 대통령은 지난 2017년 파리기후협약 미이행을 선언하고 급기야 2019년 최종적으로 탈퇴가 이루어졌습니다. 당시 전 세계적으로 중지를 모아 도출한 온실가스 감축 합의를 세계 최강국 미국이 발을 빼면서 국제적 합의에 대한 신뢰에 큰 타격을 입은 것은 차치하고서라도 지구와 다른 나라에게 떠넘겨지는 부담의 크기는 이루 말하기 어려워요.

10년 전만 해도 '지구온난화 음모론', '지구온난화는 가짜다'라는 말들이 공공연히 떠돌았고, 그 결과 기후위기와 지구온난화는 우리의 관심으로부터 멀어졌습니다. 어쩌다가 우리가 이토록 기후변화와 지구온난화에 대해 무디어지게 된 걸까요? 지구온난화를 처음 인지하기 시작한 것은 1950년대 후반입니다. 이때 이산화탄소가 대기에 쌓인다는 것을 알게 되었고 이를 온실효과라고 명명했어요. 우리는 온실효과로 인해 지구의 기온이 상승하는 과정을 지구온난화라고 부릅니다.

미국에서 지구온난화는 종종 정치적으로 소비되었어요. 지구온난화를 부정하는 단체들을 비롯하여 이산화탄소 다배출기업들은 정치인에게 로비를 통해 지구온난화에 대한 의심을 증폭

시키는 역할을 담당했죠. 특히, 2012년에는 지구온난화 허구설의 대표주자인 미국 하트랜드 연구소에서 에너지 기업, 석유회사들이 피해를 입을 수 있는 정책을 저지할 목적으로 고위 관료들에게 주기적으로 돈을 상납해 온 정황이 폭로되었습니다.

하트랜드 연구소는 꾸준히 담배회사 필립 모리스의 후원을 받아 간접흡연과 암과의 연관 관계에 대해 이의 제기를 하고 미국의 건강보험 개혁을 반대하는 로비를 진행하는 등 썩 아름답지 않은 행보를 보이는 단체입니다. 지구온난화의 부정 근거로 사용하고 있는 하트랜드 기후 컨퍼런스에 참석하는 학자들 역시 엑손 모빌 등 화석 연료 기업으로부터 자금을 지원받고 있었던 사실이 밝혀졌죠.

이에 나오미 클라인은 저서 <이것이 모든 것을 바꾼다 - 자본주의 대 기후>에서 "기후 문제는 과학과 과학의 대립이 아니라 과학과 신자유주의의 대립"으로 파악했습니다. 기후변화 대책은 필연적으로 정부의 강력한 개입과 규제, 한정적인 자원에 대한 범세계적 재분배를 요구할 수밖에 없어요. 이는 신자유주의 세력들에게 치명적인 타격으로 여겨질 것입니다. 실제로 기후 부정론을 주도하는 세력은 기후과학에 종사하는 전문 과학자 집단이 아니라 각종 로비스트, 언론인, 정치인, 다른 분야를 연구하는 과학자로 구성되어 있습니다.

우리는 거짓 정보의 홍수 속에서 비판적인 관점을 바탕으로 상식적인 태도를 견지할 필요가 있어요. 겉으로 보기에는 사실처럼 보일 수 있는 주장들을 잘 가려내야 하죠. 심지어는 내세우는 근거마저도 그럴듯해 보여 혼란스러울지도 모릅니다.

그럴수록 넘치는 정보들을 그대로 받아들이는 것이 아니라 스스로 의심하면서 구태여 시간을 내어 관련 정보를 찾아보려는 노력을 해야 해요. 그 과정을 통해 어쩌면 아주 중요한 사실 하나를 쉽게 발견할 수 있습니다. 기후과학자의 97%는 기후변화 문제를 과학적으로 인정하고 있다는 사실을 말이죠.

4. 엎질러진 온실가스는 주워 담을 수 없어요.
"기후 비상사태엔 비상한 행동을!"

세계 각국의 기후과학자들과 관료들이 모여 기후변화에 관한 공신력 있는 정보를 제공하는 대표적인 곳은 IPCC(Intergovernmental Panel on Climate Change)입니다. IPCC란 기후변화에 관한 정부 간 패널로 기후변화에 관련하여 인류의 경제·사회 활동 등에 미치는 영향을 분석하여 과학적, 기술적 사실에 대한 평가를 제공하고 국제적인 대응방안을 마련하기 위한 유엔 산하 정부 간 협의체에요.

IPCC는 유엔 환경계획(UNEP)과 세계 기상기구(WMO)가 기후변화를 분석하기 위해 1988년 11월 공동으로 설립하였으며, 현재 195개국의 관료와 과학자 등이 참여하고 있습니다.

IPCC에서는 전 세계 과학자와 관련 전문가들이 모여 5~6년에 한 번씩 지구온난화가 기후변화에 미치는 영향 등을 평가하여 기후변화 평가보고서를 작성해요. 2007년 발간된 4차 보고서에서는 인류가 기후변화 대응을 위한 어떠한 노력도 기울이지 않을 경우 막대한 환경적·경제적 피해가 예상된다고 밝혔죠.

특히 지난 100년(1906년~2005년)간 전 세계 평균기온은 0.74℃나 상승했으며, 온실가스를 지금처럼 방치하면 기온이 매년 1.1%씩 상승해 2100년이 되면 최대 6.4℃ 이상 상승할 것으로 추정함으로써 국제사회에 경종을 울렸어요.

지난 2015년, 파리협정을 채택한 기후변화 협약(UNFCCC) 제21차 당사국총회 결정문에서 IPCC에게 산업화 이전 수준 대비 1. 5℃ 높은 지구온난화의 영향 및 이와 관련된 온실가스 배출 경로에 대한 특별보고서를 2018년에 제공하도록 요청했습니다.

이에 IPCC는 2018년 10월 1일부터 6일까지 인천 송도서 열린 제48차 IPCC 총회에서 'IPCC 지구온난화 1.5℃ 특별보고서'를 만장일치로 최종 승인, 채택했습니다. 이 보고서는 40개국 91명 전문가가 6,000여 편의 과학논문을 검토해 작성한 것으로 알려져 있고 이번 회의에는 회원국과 국제기구 관계자, 기후 전문가, 환경단체 활동가 등 500여 명이 참석했어요.

특별보고서의 핵심 내용은 산업화 이전 수준과 비교했을 때 지구의 평균온도를 기존 2015년 파리 기후변화 협약에서 설

정했던 2.0℃ 상승 목표에서 한발 더 나아간 목표인 1.5℃ 상승으로 제한해야 한다는 점입니다. 인간 활동으로 산업화 이전 수준 대비 약 1℃의 지구온난화를 유발한 것으로 추정해요. 지구온난화가 현재 속도로 지속된다면 2030년에서 2052년 사이에 1.5℃ 상승에 도달할 가능성은 매우 큽니다.

특별보고서에 따르면 2100년까지 온도 상승 폭을 1.5℃로 제한하기 위해서 사회 전 분야에서 전례 없는 강력한 변화가 필요합니다. 특히 이산화탄소 배출량은 '최소한' 2030년까지 '2010년 대비 45%'를 감축해야 하고 2050년까지는 순 제로(Net-ZERO) 배출이 달성되어야 하죠. 여기서 순 제로는 어느 특정한 기간 동안 인위적 이산화탄소 배출량이 인위적 흡수량과 똑같은 때를 말합니다.

그렇다면 "이산화탄소 배출량은 2030년까지 2010년 대비 45%를 감축해야 하고 2050년까지는 순 제로(Net-ZERO) 배출이 달성되어야 한다?"는 건 대체 어떤 의미일까? 이를 위해서는 2050년까지 모든 석탄 발전을 거의 중단해야 합니다

 재생 에너지가 1차 에너지 공급의 50~65%와 전기 사용량의 70~85%를 공급해야 하고 산업계의 온실가스 배출량은 2010

년 수준에서 2050년에 75~90%로 낮추어야 합니다. 이제 탈석탄과 재생 에너지 확대는 거스를 수 없는 세계적인 흐름이 되고 있어요.

하지만 산업계의 온실가스 배출량을 낮추기 위해서는 생산량 감소와 이로 인한 경제성장률 감소는 어느 정도 필연적입니다. 특히 산업부문 온실가스 배출량의 비중이 높은 우리나라 경제구조의 특성을 고려할 때 그 충격은 상당할 것으로 예상해요.

한강의 기적을 일구고 세계 경제 규모 10위권이 이제 코앞으로 다가온 우리나라의 처지에서 보면 상당히 가슴 아픈 일일지도 모르겠습니다. 그러나 분명히 알아야만 해요. 우리가 당장 손해 보는 것 같을지도 모를 '기후행동'은 나중에 겪게 될 큰 피해와 비교했을 때 아주 미미하다는 것을 말이에요.

1.5℃ 특별보고서가 채택된 이후 세계는 지금 기후 비상사태(Climate emergency)를 선포하고 있습니다. 기후변화로 인한 잠재적이고 되돌릴 수 없는 환경적, 재산적, 인적 피해를 위해 더 긴급한 대응이 필요한 상황임을 인정한 것이죠.

2019년 5월 영국을 시작으로 캐나다, 프랑스, 아일랜드 의회가 기후 비상사태를 선언했습니다. 우리나라에서는 2020년에 당진시(1월), 인천광역시(4월)를 시작으로 219개의 기초지방정부가 기후위기 비상사태를 선언하였고 지난 9월 24일 국회에서는 '기후위기 비상대응 결의안'을 통과시켰습니다.

하지만 아직 우리나라의 기후위기 대응 행동은 '기후 악당' 수준을 벗어나지 못하고 있어요. 우리나라가 기후위기에 미친 영향과 그 책임은 크지만 기후위기 해결을 위한 행동은 가진 역량에 비해 매우 불충분합니다. 기후과학자를 비롯한 관련 전문가들은 할 수 있는 모든 일을 다 한 것이나 다름없어요. 이미 여러 차례 경고해왔고 해결책마저 이미 제시되어 있습니. 이제 우리에게 남은 것은 '기후 비상사태'에 걸맞은 비상한 행동뿐이에요.

오늘 하루 우리는 우물쭈물 흘려버린 그 시간만큼 기후위기를 막을 귀중한 시간을 또 그렇게 날려버렸습니다. 엎질러진 물만 주워 담을 수 없는 것이 아니에요. 이미 배출된 온실가스와 이로 인한 지구온난화도 다시 되돌릴 수 없습니다.

5. 지구의 온도가 1도씩 오르면 지구는 어떻게 될까?
"머지 않은 미래, 기후변화 시나리오"

"요즘 날씨가 너무 이상해"라는 말이 심심치 않게 들려옵니다. 최근 몇 년간 세계 곳곳에서 이상기후와 극단적 기후 현상이 끊이지를 않았어요. 미국과 캐나다는 전례가 없던 기록적인 폭염으로 조개 등 해양생물이 말라 죽고 수많은 온열질환 사망자가 급증했죠. 여기서 그치지 않고 가뭄 피해와 대형 산불로 이어지기도 했습니다. 우리는 기후변화로 인해 날씨가 계속 변하리라는 것을 알고 있습니다. 시간이 갈수록 지구 평균온도는 올라갈 것이고 앞으로 폭염은 더 자주, 더 길게 발생할 것입니다.

서유럽은 1,000년 만의 물난리로 전기와 가스가 끊기고 곳곳에서 수많은 사상자가 발생했흡니다. 일본·중국·인도 등 아시아에서도 폭우와 홍수, 산사태 등으로 상당한 재산 피해와 사상자가 발생해죠. 이에 전문가들은 지구가 온난화될수록 대기가 더 많은 수증기를 머금을 수 있어 폭우가 내리는 현상은 앞으로 더 극심해질 수 있다고 경고합니다.

신속하게 조치를 취하지 않으면 해수면이 상승해 사실상 해안의 모든 주요 도시들이 홍수로 잠기고 엄청난 사회적 혼란을 야기할 거에다. 이러한 바다 건너 홍수와 폭염, 산사태를 쉬이 무시할 수 없는 이유는 앞으로 우리에게 언제든지 닥칠 미래이기 때문입니다.

우리 앞으로 괜찮을까요? : 지구 평균온도 상승에 따른 지구의 변화

지난 100여 년간 지구의 평균온도는 약 1.1℃ 상승했습니다. 올해 우리가 맞닥뜨리고 있는 극단기후는 지구 평균온도가 단 1℃ 상승한 결과에요. 기후변화에 관한 정부 간 협의체(IPCC)는 향후 100년간 지구 평균온도는 4~6℃ 상승할 것이라는 연구 결과를 내놓았습니다.

과연 지구 평균온도 1℃가 변한다는 것은 어떤 의미일까요? 지구의 마지막 빙하기였던 20,000여 년 전 지구 평균온도는 지금보다 약 4℃ 낮았습니다. 극심한 추위와 북아메리카 대륙의 상당 부분이 얼음으로 완전히 뒤덮여 있던 그 시기를 만들어냈던 온도가 바로 4℃입니다. 그런데 마지막 빙기에서 현재의 간빙기로 오기까지 약 1만 년에 걸쳐 약 4도가 상승한 데

비해 인류는 100년 만에 1℃를 변화시킨 거예요. 인류는 자연이 낼 수 있는 최대의 온도 변화 속도보다 무려 25배 빠르게 지구 평균온도를 상승시키는 중입니다.

하지만 다수의 과학자들은 온실가스를 지금과 같이 배출한다면 이번 세기 안에 지구 평균온도가 4℃ 이상 오를 것으로 예상하고 있습니다. 그렇다면, 과연 지구 평균온도가 6℃ 상승하면 우리는 앞으로 괜찮을까요?

지구의 평균온도가 1℃ 오를 때마다 세상은 어떻게 변할까요? 마크 라이너스는 그의 책 『6도의 멸종』에서 지구 평균온도가 1℃ 상승할 때마다 지구가 겪게 될 변화를 예측했습니다. 그의 예측은 생각보다 끔찍합니다.

- 지구 평균온도 1℃도 상승에 따른 지구의 변화
지구 평균온도가 1℃ 상승하면 가뭄이 곳곳에서 지속되고, 킬리만자로의 만년빙이 사라집니다. 가뭄으로 인해 농부들은 농토와 거주지를 잃고, 물 부족 인구는 5천만 명으로 늘어나요. 기후변화로 인한 사망자 수는 30만 명에 달하게 됩니다. 빠른 변화에 적응하지 못한 희귀 동식물이 멸종하게 되고 10%의 육상동물이 멸종위기에 처해요. 북극의 얼음이 녹는 속도도 너무 빨라져 북극곰도 멸종위기에 처하고 말죠.

- 지구 평균온도 2℃ 상승에 따른 지구의 변화
지구 평균온도가 2℃도 오르면 지구상에서 인류가 사용 가능한 물의 20~30%가 감소하고 15~40%의 북극 생물이 멸종위기에 처해요. 이산화탄소가 바다에 흡수되어 바다생물도 서서히 죽어가게 됩니다. 그린란드 빙하가 녹아 해수면이 상승하고, 바다에 인접한 도시들이 가라앉게 돼요. 이러한 지속적인 해빙으로 해수면은 7m 상승한다고 합니다. 더불어 극렬한 폭염으로 인한 열사병으로 수십만 명의 사상자가 발생해요.

- 지구 평균온도 3℃ 상승에 따른 지구의 변화
지구 평균온도가 3℃ 상승하면 기근으로 인한 사망자 수는 1~3백만 명, 해안침수로 인해 연 1억 6천만 명이 피해를 입을 것으로 예상됩니다. 지구상의 20~50%의 생물이 멸종위기에 처한다. 지구의 허파, 아마존 열대우림이 파괴되고 그 일대는 가뭄으로 인한 거대한 화재가 발생해요.

- 지구 평균온도 4℃ 상승에 따른 지구의 변화
지구 평균온도가 4℃ 상승하면 사용가능한 물의 양은 30~50% 감소하고 해안 지역에서 연 3억 명이 침수 피해를 입을 것으로 예상됩니다. 아프리카 농산물의 15~35% 생산이 감소되어 식량난은 더욱 극심해져요. 서남극 빙상이 붕괴될 위험이 높아지고 지중해는 살인적인 폭염과 가뭄을 겪습니다. 더불어 러시아와 동유럽에는 더 이상 눈이 내리지 않게 됩니다.

- 지구 평균온도 5℃ 상승에 따른 지구의 변화
지구 평균온도가 5℃ 오르면 정글이 모두 불타고 가뭄과 홍수가 빈번히 발생하여 인간이 살아갈 수 있는 지역이 빠르게 감소합니다. 중국과 인도 등이 영향권에 있는 히말라야 빙하가 사라져요. 군소 도서국과 뉴욕, 런던 등이 침수되고 재난으로 인해 자본시장은 붕괴가 될 것입니다. 이에 잦은 재난으로 인해 거주가능한 지역(캐나다·러시아 등)으로 피난민이 몰려 갈등이 발생합니다. 살아남은 사람들은 생존을 위한 전쟁을 벌이게 될 것거에요..

- 지구 평균온도 6℃ 상승에 따른 지구의 변화
메탄하이드레이트가 대량 분출되면서 모든 생물체의 대멸종이 시작됩니다. 여기서 메탄하이드레이트란 저온 고압 상태에서 물과 결합해 형성된 고체 에너지원을 일컫습니다. 모양이 드라이아이스와 비슷하고 불을 붙이면 타는 성질을 가지고 있어

불타는 얼음이라고도 불려요. 최종적으로 지구 평균온도가 6℃ 상승하면 지구상 생물의 95%가 멸종한다고 예측합니다.

세계는 지난 몇 달 동안 동시다발로 발생한 극단 기후로 말 그대로 '기후 비상사태'에 빠져 있습니다. 어쩌면 지구가 인류에게 보내는 마지막 경고처럼 보이는데요.

최근 기후변화에 관한 정부 간 협의체(IPCC)는 '제6차 평가보고서 - 제1실무그룹 보고서'에서 지구 평균온도 1.5℃ 상승 시기를 3년 전 전망보다 10년 앞당겨진 연구 결과를 발표했습니다.

전문가들은 올해 재난은 단지 전조에 불과하다고 경고하고 있어요. 1.5℃ 상승에 이르면 폭염 발생빈도가 지금보다 2배 가까이 느는 등 초극단적 이상기후가 일상화될 것이라는 예측도 있죠.

올 한 해 끊임없이 기후변화에 대한 경각심을 높이고 서둘러 대응해야 한다는 목소리가 높아지고 있습니다. 지난 8월 31일 국회에서는 기후위기 대응과 2050 탄소중립 달성을 위한 법적 기반인 '기후위기 대응을 위한 탄소중립·녹색성장 기본법'이 통과되었어요. 탄소중립기본법 제정 이후 법률에 정해진 범위 내에서 사회적 논의를 거쳐 중장기 온실가스 감축목표를 확정하고 기후변화영향평가제도 등 기후변화 대응을 위한 새로운 제도들이 시행될 예정입니다.

하지만 일각에서는 기후위기 '대응'을 위한 법이 아닌 기후위기 대응을 '방기'한 법안이라며 '기후악당 국가'의 처지를 면하지 못하게 만드는 악법이라고 비판하기도 해요. '기후위기 대응을 위한 탄소중립·녹색성장 기본법'이 기후변화 대응에 철저히 실패한 녹색성장에 대한 아무런 반성과 책임도 느끼지 못하고 탄소중립 전략과 녹색성장 별반 다를 게 없다고 여기고 있다는 점을 문제로 지적합니다.

그럼에도 불구하고 변하지 않는 한 가지는 우리에게 더 이상 2년, 10년의 기간을 기다릴 여유가 없다는 사실입니다. 지금부터는 모든 순간이 중요해요. 지금 실패한다면 그 결과는 재앙일 뿐이기 때문입니다. 이제는 정부, 국회, 기업과 연구기관, 그리고 국민 모두가 나서 지구온난화로 인한 지구 평균온도 상승을 막는 데 총력을 다해야 할 때입니다. 지구는 절대 우리를 더는 기다려 주지 않을 거에요..

6. 과학기술이 발전하면 자연스럽게 해결할 수 있지 않을까요?
"지구는 과학 실험실이 아니에요!"

인류는 지구온난화를 해결하기 위해 CW-7이라는 물질을 개발합니다. CW-7은 대기 중에 살포하면 지구 온도를 떨어뜨리는 효과가 있습니다. 인류는 결국 세계정상회담을 통해 CW-7을 대기 중에 살포하기로 결정합니다. 그 결과 지구는 기상이변이 발생하고 영하 90℃의 빙하기가 도래하여 모두 멸종하기에 이릅니다. 설국 17년, 지구에는 오직 살아남은 사람들을 태운 기차 한 대만이 끊임없이 달리고 있습니다.

영화 <설국열차> 속 이야기입니다. 하지만 단지 영화 속 이야기로 치부하기에는 현실과 너무 닮아 있습니다. 우리는 영화를 보며 기술만능주의로 파국을 맞을 미래에 대한 경고로 인식하고 겸허히 받아들여야 합니다. 과거의 역사 속에서도 인간이 만든 기술이 예기치 못한 변수로 인해 큰 낭패를 보았던 숱한 경험들을 찾을 수 있습니다. 여기서 예기치 못한 변수 중 가장 큰 변수는 인간의 욕망과 자만심이었습니다.

다이너마이트는 본래 안전한 보관과 사용을 목적으로 만들어졌습니다. 하지만 토목공사, 탄광 채굴 등의 평화적 목적으로도 사용되기도 하였지만 훗날 전쟁무기로서 수많은 인류를 죽였습니다. 더 나아가 인류는 점점 강력한 폭탄을 제조하는 데 혈안이 되었고 그렇게 만들어진 원자폭탄과 수소폭탄은 인류 생존을 위협하기에 이르렀습니다.

1945년 8월, 일본의 히로시마와 나가사키에 떨어진 2개의 원자폭탄은 2차 세계대전이라는 전쟁의 괴로움을 끝냈습니다. 하지만 동시에 일본에 거주하던 죄 없는 일반 시민 20여만 명의 삶과 두 도시를 한 순간에 끝장 냈습니다. 여기서 끝나지 않았습니다. 두 도시 주변에 살았던 시민들은 무사히 살아남기는 했지만 평생을 피폭으로 인한 방사능 피해 속에서 고통받아야만 했어요.

인간의 욕심은 끝이 없었습니다. 1954년 3월, 미국은 태평양 마셜 군도의 '비키니 산호섬'에서 1961년 10월, 구소련은 북극해에 있는 섬에서 실시한 각각 수소폭탄을 실험합니다. 미국 수소폭탄의 폭발력은 TNT 13,000,000톤이었고, 비키니 섬에는 직경 2km, 깊이 73m의 구덩이가 파였으며, 폭심의 온도는 55,000℃로 측정되었습니다. 소련의 차르봄바 수소폭탄의 버섯구름은 에베레스트 산보다 7배 높은 67km 상공까지 올라갔으며, 900km 떨어진 핀란드에서는 창 유리가 파손되기도 했습니다.

미국과 영국 및 소련은 인류 전체를 몰살할지도 모를 정도의 상상을 초월한 실험을 하고 난 뒤 1963년에 이르러서야 대기권에서 핵폭발 실험을 하지 않기로 의결했습니다. 하지만 이후에도 공공연하게 지하에서 소규모로 종종 실험을 계속 했습니다.

2011년 3월, 동일본 대지진 직후 발생한 후쿠시마 제1원 전 사고로 인해 다량의 방사능 물질이 유출됩니다. 특히 강한 방사선인 감마선을 배출하는 '세슘 137'은 인체 세포를 손상시켜 암을 일으킬 수 있습니다. 또한 면역기능 상실 및 체내 출혈 상이 나타납니다. 또한 해양생태계의 먹이사슬을 통해 우리 식탁으로 올라올 가능성도 충분합니다.

그런데 지난 2020년 2월, 일본 당국은 후쿠시마 제1원전 부지에 보관하고 있는 방사능 오염수를 희석시켜 바다로 방출하겠다는 계획을 세웁니다. 일본 정부는 방류 결정이 내려지면 오염수 농도를 재처리해 방류할 예정이라고 합니다. 오염수의 농도를 희석시키면 안정성을 확보할 수 있다는 주장입니다. 삼중수소 방사성 물질은 사라지지 않음에도 불구하고 2번 정화하면 괜찮다고 자신합니다. 이런 숱한 경험에도 불구하고 인간은 그들의 욕망과 자만을 주체하지 못하고 똑같은 실수를 끊임없이 반복하고 있습니다.

정말 기후위기를 막을 과학기술은 없을까요? 현재 과학 및 공학 분야에서 활발히 연구 중입니다. 실제로 비행기로 성층권에 에어로졸(먼지, 연기 등)을 뿌려 햇빛을 막아 온도를 떨어뜨릴 수도 있습니다. 하지만 현재 기술로는 온도만 떨어지는 것이 아니라 강수량도 변하고 다른 것들도 함께 변합니다. 이 예상치 못했던 다른 변수들이 지구에 어떤 영향을 미칠지는 아무도 모릅니다. 영화 <설국열차> 속 이야기가 현실이 되지 않는다고 장담하기 어렵습니다.

이산화탄소를 따로 포집하고 저장하는 기술도 해가 다르게 발전을 이루고 있습니다. 하지만 아직 상당한 비용을 감당해야 하고 저장한 이산화탄소를 처리하는 과정도 안정성을 담보하지 못하고 있습니다. 과학을 통한 기술적 해결은 치명적으로 불확실성을 갖고 있습니다. 특히나 기후는 원자폭탄이나 수소폭탄처럼 실험이 불가능해요. 인류의 미래를 두고서 실험을 감행할 수는 없기 때문입니다.

무엇보다 우리에게는 남은 시간이 별로 없다는 사실입니다. 'IPCC 지구온난화 1.5℃ 특별보고서'에서 과학자들은 지구 온도 상승 1.5℃ 아래로 제한하기 위해 남은 시간은 불과 10년이라고 말합니다. 지구 평균 온도가 1.5℃가 넘지 않으려면 인류가 사용할 수 있는 이산화탄소에는 한계가 있기 때문입니다. 이 주장은 일부 급진주의자들의 주장이 아닙니다. 전 세계 수백 명의 과학자와 관료들이 모인 IPCC가 내린 결론입니다.

우리는 인류의 미래를 지킬 수 있는 확실한 방법을 찾아야 합니다. 이미 배출한 탄소를 주워 담을 생각이 아니라 탄소를 배출하지 않아도 살아갈 수 있는 구조적 대안을 고민해야 합니다. 우리는 이미 3년이라는 시간을 허비하고 말았습니다.

6. 하나뿐인 지구에서, 더 이상 도망갈 곳은 없어요!
"기후위기를 막아낼 유일한 방법"

1972년 스톡홀름에서 열린 유엔 인간 환경회의는 지구환경문제가 국제적인 관심사로 부상하게 된 결정적인 계기를 마련해주었습니다. 그 이후에도 교토의정서, 파리 기후협약 등 숱한 국제사회에서의 합의들이 있었지만 50여 년 가까운 세월 동안 불필요한 논쟁들로 너무나 많은 시간을 허비해왔습니다. 이제 너무 늦어버린 걸까요? 우리에게 더 이상 할 수 있는 일은 남아있지 않은 걸까요?

아닙니다. 이제 우리에게 남은 단 한 가지가 있습니다. 바로 행동하는 일입니다. 더 이상 불필요한 논쟁은 이만 줄이고 기후위기 대응에 총력을 다해 행동하는 일입니다. 그렇다면 기후위기에 대응한다는 건 무엇일까요? 기후위기에 대응하는 방법으로는 크게 2가지가 있습니다. 바로 감축과 적응입니다.

IPCC에 따르면 감축이란 "온실가스 배출을 감축하거나 흡수하는 과정으로서, 미래의 기후변화 및 그 영향을 완화하는 방법"이고 적응이란 "실제로 일어나고 있거나, 일어날 것으로 예상되는 기후변화 그리고 그 영향에 적응하는 과정으로서 기후변화로 인한 위험을 최소화하고, 나아가 이를 유익한 기회로 활용하는 방법"을 뜻합니다. 감축과 적응은 기후변화의 위험을 낮추고 관리하기 위한 상호 보완적 전략이기 때문에 장기적으로 지속 가능한 발전을 향한 기후-복원 경로에 기여할 수 있습니다.

이렇게만 하면 기후위기는 과연 '해결'할 수 있는 수준의 문제일까요? 대체 기후위기를 '해결'한다는 건 무슨 의미일까요? 단순히 산업혁명 이전 수준으로 지구 평균 온도를 낮추는 걸까요? 기후위기로 발생할 많은 피해들을 완벽히 차단하는 일일까요? 이 모든 것은 가능한 일이 아닙니다. 솔직히 기후위기를 완전히 '해결'하는 것은 불가능합니다. 다만, 더 나빠질 기후위기를 조금이나마 늦추거나 줄여서 덜 위험하도록 만들 뿐입니다.

국제사회나 주류 환경운동 진영에서는 '감축'을 중심으로 대응하면서 '적응'을 함께 해 나가야 한다고 말합니다. 그런데 최근 들어 어차피 지구 평균 온도의 상승은 막기에는 너무 늦었다는 비관적인 견해가 늘면서 차라리 적응에 집중하자는 의견도 나오고 있습니다.

하물며 저소득국가(개발도상국)는 미래 어느 시점에 효과가 나타날지도 모를 '감축'에만 집중할 여유가 없습니다. 해수면 상승으로 인해 지금 당장 눈에 띄게 줄어가는 국토와 홍수에 집과 재산을 모조리 잃은 자국민을 챙길 여력도 없기 때문입니다. 연이은 폭염으로 점차 죽어가는 사람들에게, 900년 만에 최악인 가뭄으로 식량이 부족해져 내전으로까지 번진 나라에서, 탄소 감축까지 신경 쓰도록 한다는 건 어쩌면 애초에 불가능한 일을 강요하는 일입니다. 너무나 가혹하기까지 합니다.

개도국 주민들에게 기후위기는 이미 현실적인 문제입니다. 또한 그들의 삶에 정면에 맞닥뜨린 생존의 문제입니다. 고소득국가(선진국)에서도 다른 이유에서 감축보다 적응 방안을 더 강조하는 목소리가 있습니다. 탄소 감축을 위한 탄소 국경세 도입이나 탄소세를 기반으로 한 기본소득 논의 등 자유시장 원리에 반하는 논의들이 오가는 것을 꺼려하기 때문입니다.

하지만 너무 적응 대책에만 초점을 맞추다 보면 사람들은 기후위기와 온실가스 배출 문제에 대해서 별다른 위기의식을 느끼지 못하게 될지도 모릅니다. 마치 해일이나 홍수를 방어하기 위해 세운 방파제나 댐이 기후위기 자체를 막아낼 만능 방파제라도 되는 것처럼 느낄 공산이 큽니다.

더 근본적으로는 지금 당장 감축 대책을 세우지 않으면 사태가 점점 악화되어 나중에 가서는 불어나는 적응 비용을 감당하기 어려워집니다. 그런 지경에까지 도달한다면 정말 모든 걸 포기해야 하는 상황이 발생할지도 모릅니다.

그러나 그런 상황이 와도 우리는 아직 도망갈 도피처조차 마련해 두지 못했습니다. 공상과학 영화처럼 우주 어디인가에 존재할지도 모를 또 다른 지구를 찾아 나설 과학기술마저 아직 우리에게는 없습니다. 우리에게 남은 방법은 오직 지구를 포기해야 할 상황(정확히는 인류의 생존이나 미래를 포기해야 할 상황)이 오지 않도록 행동하는 일뿐입니다.

"누군가는 나에게 시위를 할 게 아니라 학교를 나가야 한다고 말한다. 누군가는 내게 기후위기를 '해결'하려면 공부를 해서 과학자가 돼야 한다고 말한다. 그러나 기후위기에는 이미 해결책이 있다. 우리는 이미 모든 사실과 해결책을 가지고 있다. 우리가 해야 할 일은 일어나서 바꾸는 것이다."

-그레타 툰베리(스웨덴의 기후운동가)-

7. 먹고 살기도 바쁜데 무슨 환경을 신경 써요?
"나는 그 무엇보다 '기후변화'가 두렵다."

우리는 평소 환경에 대해 얼마나 관심을 갖고 있을까요? 세계에서 가장 많은 후원과 지지를 받고 있는 시민단체는 '그린피스'이고 동아시아에서 가장 큰 시민단체는 한국의 '환경운동연합'일 정도로 우리는 오랫동안 환경에 아주 많은 관심을 갖고 있었습니다.

하지만 그 오랜 관심이 오히려 우리에게 안일함을 심어주고 있지는 않았나 생각합니다. 어려서부터 숱한 환경단체의 활동을 보고 있었다면 언젠가는 환경문제는 해결될 수 있는 문제라고 쉽게 생각할 수 있기 때문입니다. 또 환경문제는 소수 환경운동가가 도맡아 해결하는 문제라는 인식을 강화했습니다. 그 결과, 기존 환경운동은 일반 시민들의 후원과 지지는 많았지만 실제로 적극적인 행동을 끌어내는 데까지는 한계가 있었습니다.

그래서인지 환경이나 기후 문제는 많은 관심에 비해 실제 일상을 살아가는 데 있어 우선순위에서 별로 높은 점수를 받지 못합니다. 먹고사는 문제는 당장 급하고 필요하다고 느끼지만 기후 문제는 그에 비해서 눈 앞에 직접 보이지 않을 뿐 아니라 해결과정에 있어서도 그 효과가 바로 드러나지 않기 때문입니다. 더군다나 대한민국을 살아가는 사람들에게는 기후변화 이외에도 더 크고 중요한 문제가 한두 가지가 아닌 것 같아요..

퓨 리서치 센터는 매년 감염병 확산, 기후변화, 테러, 해외 사이버 공격, 핵무기 확산, 세계 경제 상태, 빈곤, 국가나 민족 간 오랜 갈등, 대규모 이주 등 9개 항목에 대해 각국 국민이 얼마나 큰 위협이라고 생각하는지 추적 조사를 하고 있습니다. 올해도 역시 14개국을 대상으로 연구를 진행했고 8개국이 기후변화, 4개국이 감염병 확산, 2개국이 해외 사이버 공격을 최대 위협으로 꼽았습니다.

퓨 리서치 센터가 작성한 2020년 보고서 <팬데믹에도 불구하고 많은 유럽인들은 여전히 국가의 가장 큰 위협을 기후변화라고 본다.>에 따르면 한국은 14개국 가운데 가장 높은 수치(89%)인 열명 중 약 아홉 명으로 감염병 확산이 국가에 중대한 위협이라고 생각한다고 응답하였습니다. 이에 비해 프랑스, 이탈리아, 스웨덴 등은 코로나 19로 큰 인명피해가 발생했지만 역대 가장 높은 비율로 기후변화에 대한 우려를 드러

냈습니다. 더 주목해야 할 점은 따로 있습니다. 한국은 감염병 확산 말고도 해외 사이버 공격(83%), 글로벌 경기(83%), 국가나 민족 간 갈등(71%), 대규모 난민 이주(52%)에 대한 우려 정도도 14개국 중 가장 높았습니다.

왜 이토록 우리나라 사람들은 걱정하는 문제가 이토록 많은 걸까요? 그 문제의 원인을 한반도 분단체제와 급격히 성장한 자본주의 체제에서 찾을 수 있다고 생각합니다. 70여 년째 아직도 한국전쟁은 계속 중입니다. 평소에는 휴전상태라는 걸 느끼지 못할 정도로 평온하게 사는 듯 보이지만 핵 실험, 미사일 실험 등 실제 상황만 발생하면 극도로 불안해하는 모습을 쉽게 찾아볼 수 있습니다. 항구적인 한반도 평화체제가 확보되지 않는 한 이 문제는 해결하기 어려워 보입니다.

대한민국은 70-80년대 급격한 경제성장으로 '한강의 기적'을 이뤘습니다. 하지만 1997년 IMF라는 국가 경제위기 앞에 속절없이 무너지는 모습을 두 눈 뜨고 봐야만 했습니다. 경제규모 10위권을 코앞에 둔 대한민국은 아직도 그 트라우마가 지워지지 않은 듯 보입니다. 평소에는 선진국 반열에 올랐다며 자부심을 갖지만 2008년 금융위기나 2020년 코로나 19로 인한 경제 위기 등 경기가 조금만 안 좋으면 나라가 망할 것처럼 떠들썩합니다. 하지만 이 문제도 자본주의 체제가 이대로 지속되는 한 해결하기는 어려워 보입니다.

> "한국 사람들이 모두가 지금 불안하거든요.
> 그런데 문제는 막연하게 불안하다고 느끼면서도 그 불안의
> 원인이 뭔지 정확하게 잘 몰라요.
> 그 불안을 돈으로 어떻게든 방어할 수 있을 거라고 믿어서
> 돈에 몰입하거든요.
> 그럼에도 불안이 사라지지 않고 더 불안해지죠.
> 또 사회적 차원에서 보면 경제성장에만 계속 관심들이
> 있지, 평등과 화목이 얼마나 중요한지에 대해서는 주목을
> 거의 못하고 있어요."
>
> -심리학자 김태형(심리연구소 '함께' 소장)-

우리는 현실을 제대로 직시해야 합니다. 기후위기가 가져올 변화는 상상을 초월합니다. 기후위기에 대한 대처 없이 평화

도 경제도 그 무엇도 챙기기 어려울 겁니다. 기후위기는 사소한 불편 정도로 그치지 않을 것이기 때문입니다. 기후위기는 핵전쟁과 맞먹는 규모로 인류를 위협합니다. 생활양식, 미래에 대한 기대, 정체성 등 모든 수준에서의 위협을 포함하고 있습니다.

우리가 기후위기를 받아들이지 않는 이유는 기후위기가 유발하는 불안과 그것이 요구하는 근본적인 변화를 피하고 싶기 때문일지도 모릅니다. 그러나 기후위기는 절대 우리가 대처하지 못할 문제가 아닙니다. 이미 기후위기는 그 해결책마저 준비되어 있을 뿐 아니라 우리에게는 집단적 행동에 나설 수 있는 강력한 추진력까지 지니고 있기 때문입니다.

우리는 '기후행동'에 나섬으로써 경제적 이익과는 차원이 다른 보상을 얻을 수 있을지도 모릅니다. 어쩌면 우리가 지금껏 고질적인 문제라고 여겨왔던 분단 적폐와 자본주의의 폐해를 해결할 수 있는 실마리를 던져줄 수 있을지도 모릅니다. 왜냐하면 기후위기에 대응하는 일은 전 세계의 시민들이 하나로 뭉쳐야만 가능한 일이며 모두가 하나같이 지금까지 유지해 왔던 일상의 규모를 축소하거나 포기해야만 하는 일이기 때문입니다.

8. 정의로운 전환, 기후변화 말고 체제변화를
"가장 어려운 길을 절대 포기할 수 없는 이유"

기후위기는 더 이상 눈감을 수 없는 위협입니다. 안병옥 국가기후환경회의 운영위원장은 "기후변화는 핵전쟁에 버금가는 위험요인이기 때문에 전시체제에 준하는 자원 및 인원 체제를 동원해야 한다는 결론에 이른다"라고 까지 말합니다.

전쟁 중도 아닌데 어떻게 전시체제에 준하는 행동을 할 수 있느냐는 의문이 들지도 모릅니다. 하지만 우리는 2020년 한 해 동안 이미 해오고 있었습니다. 국가는 매주 정해진 날에만 직접 줄을 서서 마스크를 사서 쓰도록 합니다. 카페에서는 포장과 배달만 가능하고 학원과 노래방은 문을 닫게 합니다.

지난 상반기 초, 중등학교는 온라인 개학이라는 초유의 상황을 겪었고 2021년 해맞이 명소들은 전부 폐쇄당했습니다. 유럽에서는 도로를 봉쇄하고 시민들의 이동을 금지했습니다. 특히 러시아에서는 모든 회사에 출근 금지령을 내리기까지 했습니다.

코로나 19 이전에는 전혀 상상할 수 없었던 일입니다. 재난

상황은 이렇듯 긴급하고 총체적인 변화를 정당화합니다. 이 말인즉슨 그 어떤 변화도 가능하다는 뜻입니다. 문재인 정부가 계획하고 있는 한국판 뉴딜 안에도 그린 뉴딜 정책을 언급하고 있지만 기후위기 대응에는 턱없이 부족한 수준입니다. 우리에게는 안일하게 대처할 만큼 그렇게 시간이 많이 남아있지 않습니다.

온실가스를 줄이려면 온실가스 배출원을 반드시 억제해야 합니다. 특히 우리나라 산업의 대부분은 화석연료에 의존하고 있을 뿐 아니라 거의 모든 산업형 경제활동은 온실가스의 배출원입니다. 그렇기 때문에 지금의 탄소 의존 경제에서 탈탄소 지속가능한 경제로 전환한다는 말은 우리가 지금까지 알고 있었던 모든 경제활동을 근본적으로 갈아엎는다는 뜻입니다.

체제 전환의 과정은 그다지 순탄하지 않습니다. 기후위기라는 급한 불을 끄려다가 우리 손으로 기존에 있던 초가삼간을 모두 불태우는 일이 발생할 수도 있습니다. 왜냐하면 체제를 전환하는 과정에서는 필연적으로 '좌초위기산업'이 발생하기 때문입니다.

산업연구원의 조사에 따르면 석유화학, 원자력, 자동차, 플라스틱, 석유화력 발전산업의 노동자들을 모두 합하면 거의 100만 명에 가까운 노동자가 에너지 전환에 따른 위협을 받게 된다고 합니다. 온실가스 배출 비중이 큰 축산업도 크게 다르지 않습니다.

실제로도 석탄화력발전소 앞에서 '화력발전 중단 시위'를 하다 보면 발전소 노동자들에게 '이러지 말아 달라'는 부탁을 듣기도 하고 싸움으로 번지는 경우도 허다했습니다. "기후위기로 인한 산업구조 변화의 필요성에 대해서는 공감하지만 이로 인해 '좌초 위기산업' 일자리가 위협받지 않도록 똑같은 비중으로 다루어야 한다"는 요구를 듣기도 하였습니다.

유엔 기후변화 협약에서는 이렇듯 기후위기 대응 과정에서 발생하는 악영향에 대처하는 노력을 '정의로운 전환(공정한 전환)'이라고 부릅니다. 온실가스를 줄이고 지속 가능하지 않은 체제와 산업을 전환하는 과정에서 반드시 노동자들의 사회경제적 희생이나 지역사회의 피해가 발생하지 않도록 뒷받침해야 합니다.

역사적으로도 대규모로 경제 체제가 전환되는 과정에서 노동자들은 실업과 빈곤에 빠지고 사회적으로 배제되는 처지에 놓이는 행태를 반복해 왔습니다. 하지만 이제 이 부정의한 악순환의 고리를 끊어내야 합니다. 우리가 기후위기를 대처하는 과정에서 절대로 놓쳐서는 안 되는 부분이 바로 '정의로운 전환'입니다.

> "노동자를 위한 정의로운 전환. 정의로운 전환 계획은, 한 세기도 넘게 우리 경제를 위해 에너지를 생산했지만 기업과 정치인들에 의해 너무나 쉽게 무시되어온 화석연료 노동자들을 우선적으로 돌볼 것이다.
>
> (중략)
>
> 장애인, 기후재난의 영향으로부터 회복 중인 노약자에게 정의를 실현시킬 것이다.
>
> 그리고 기후변화의 영향을 극심하게 받는 지역공동체에 진짜 일자리, 회복력 강한 인프라, 경제발전을 포함한 정의로운 전환을 제공할 것이다"
>
> -버니 샌더스(美 상원의원)-

우리에게 기후변화는 고통스럽고 극심한 재난입니다. 하지만 기후 불평등과 부정의한 악순환의 고리를 끊어내는 등 '기후정의' 실현을 통해 새로운 도약을 위한 변화의 기회로 바꿔낼 수 있어야 합니다. 무엇보다 그 변화의 중심에 우리 자신이 서 있어야 합니다.

2020년 코로나19로 인해 전 세계적으로 탄소배출이 7%가 감소했습니다. 정부가 강제로 공항과 항만을 닫고 경제활동을 멈춘 결과입니다. UN에서 목표로 하는 2030년 탄소배출 50% 감축을 위해서는 앞으로 10년간 2020년과 같은 생활을 해야 한다는 뜻이기도 합니다. 과연 어느 나라 정부가 그것을 강요했을 때 국민으로부터 저항을 받지 않을 수 있을까요? 거의 불가능한 일처럼 들리기까지 합니다.

코로나 19로 인해 우리가 믿어왔던 모든 가치체계들이 모조리 박살 나고 있습니다. 무한 성장의 신화도, 지구촌을 꿈꿨던 세계화의 꿈도 산산조각이 났습니다. 더 많이 생산하고 더 많이 소비하는 것은 더 이상 미덕이 아닙니다. 끝없이 욕심을 부려도 '보이지 않는 손'이 아름다운 균형을 잡아줄 것이라는 전 인류적인 신앙은 6번째 대멸종과 2050 거주 불능 지구를 앞당기는데 일조하고 있을 뿐입니다.

언제나 체제가 송두리째 흔들리면 민중은 대안을 찾아왔습니다. 1차 대전 이후 러시아는 공산주의, 이탈리아는 파시즘을 선택했습니다. 독일 국민은 대공황 때 나치당을 선출하기도 했습니다. 한낱 옛날이야기 정도로 치부할 문제가 아닙니다.

코로나19로 정부가 무소불위의 힘을 얻고 있는 지금 우리가 가장 경계해야 할 지점이기도 합니다. 기후위기를 빠르고 확실하게 해결하겠다는 전체주의가 곧 인기를 얻을지도 모릅니다. 이미 서양에서는 에코 파시즘이 등장해 뉴질랜드와 미국에서 연달아 에코 파시스트의 총기
난사로 많은 사람들이 죽었습니다.

경제 및 평화연구소(IEP)에서 발간하는 「전 지구적 평화지수(GPI)」는 2019년부터 기후변화를 분석에 포함시키기 시작했습니다. GPI는 기후변화와 평화의 관계를 '적극적 평화' 개념으로 설명합니다. GPI는 적극적 평화의 수준이 높은 나라일수록 기후위기의 충격을 잘 관리하고 환경을 잘 보전하는 나라라는 분석 결과를 보여줍니다. 이 분석 결과는 민주정치의 수준, 타자에 대한 관용과 수용도가 높을수록 기후변화에 대처하는 능력도 크다는 점을 분명히 보여줍니다.

우리는 기후위기에 대응하기 위해서라도 민주주의의 수준을 높일 필요가 있습니다. 기후위기 대응을 위해 국민들을 통제하고 경제활동을 강제로 멈출 수 있는 국가 권력을 견제할 힘이 필요합니다. 혁명적 변화를 통한 급격한 체제 전환 과정에서 배제되고 낙오하는 사람들을 세심하게 챙기라고 호통을 칠 수 있는 세력이 필요합니다. 바로 우리 자신이 주체가 되어 변화의 중심에서 그 역할을 수행할 수 있어야 합니다.

체제를 전환한다는 것은 기후위기라는 거대한 홍수를 앞두고 노아의 방주를 건조하는 일입니다. 그만큼 기후위기는 인류에게 대재앙이며 생존을 위한 마지막 신의 심판일지도 모릅니다. 살기 위해 새로 건설하는 사회는 인류 역사상 그 어느 때보다 튼튼하고 촘촘해야 합니다. 적어도 배가 침몰한다고 옆사람을 물속으로 던지는 불상사는 없어야 합니다. 이것이 우리가 '정의로운 전환'을 절대 포기할 수 없는 이유입니다.

9. 일주일에 한 번 완전 채식을 하는 이유
"우당탕탕 금요비건 실천기"

기후변화 말고 체제 변화를 입이 마르도록 얘기하고 있습니다. 그런데 정말 개인적인 실천은 아무런 의미도 없는 걸까요? 플라스틱 사용을 줄이고 텀블러를 사용하는 정도는 기후위기를 막는데 유의미한 도움을 주지 못합니다. 그렇다면 정말 아무런 쓸모도 없는 행위일까요?

그렇지 않다고 생각합니다. 텀블러 사용이 기후위기 해결에 직접적으로 도움을 주지는 못하더라도 우리는 텀블러를 사용하고 배달음식을 덜 시켜 먹으면서 가장 중요한 것을 얻을 수 있습니다. 바로 '감수성'입니다. 우리는 각자가 일상에서 할 수 있는 개인의 사소한 실천을 통해서 가장 가치로운 감수성을 키울 수 있습니다.

우리는 기후위기를 체제 변화를 통해 막아 내기 위해서는 지금보다 훨씬 더 예민해져야 합니다. 매일 편의점에서 사 마시는 플라스틱 병 음료수를 보면서도 바다로 흘러가 분해되는 미세 플라스틱을 떠올릴 수 있어야 합니다. 사무실에 출근해 무의식적으로 종이컵 하나를 빼어 들고 달달한 믹스커피 한 잔을 타며 아침잠을 깨울 때도 지구 반대편에서 베어지는 수많은 나무들을 생각할 수 있어야 합니다.

아주 사소하고 큰 도움도 되는 않던 행동들은 사람과 사람, 사람과 사람 아닌 것 그리고 사람과 지구를 잇는 징검다리가 되어 줄 것입니다. 단 한 번도 산소 없이 살아본 적 없으면서 미세먼지 광풍이 불기 전까지는 그 소중함을 몰랐습니다. 박쥐는 지구라는 공간에서 함께 살고 있던 동물이었지만 평소에는 마치 책 속에서만 볼 수 있던 전설 속 동물같이 여겼습니다.

하지만 사스, 메르스, 코로나 19까지 최근 인간을 위협한 모든 인수공통 전염병은 박쥐를 1차 숙주로 삼고 있었습니다. 지구 고온 현상으로 인해 하루가 멀다 하고 북극의 빙하가 녹고 있습니다. 영원히 녹지 않을 것 같던 영구동토층도 함께 녹아내리고 있습니다. 아마도 다 녹고 나면 인간은 그 소중함을 뼈저리게 깨닫게 될지도 모릅니다. 그러나 그때 가서 깨닫는다고 해도 돌이킬 방법은 없습니다. 지구가 완전히 변하기 전에 우리 인간이 먼저 변해야 합니다.

그래서 맛있는 돈까스를 '귀여운 돼지 친구'로 바라보기 위해 노력하고 있습니다. 동물권 이야기를 빼고서 라도 공장식 축산업 현장에서 뿜어내는 온실가스 배출량은 전세계의 교통수단이 배출하는 온실가스보다 많습니다. 차라리 텀블러를 들고 다니는 것보다는 고기를 덜 먹는 게 더 도움이 된다고 말하던 기후 과학자 조천호 박사님의 YouTube 영상이 큰 인상에 남았었나 봅니다. 처음에는 기후위기 운동가로서 운동의 정당성을 갖기 위해 시작했습니다. 하지만 점차 시간이 지날수록 고작 일주일에 하루 하는 작은 실천으로도 사람이 변할 수 있다는 확신을 얻을 수 있었습니다.

하지만 평생을 초육식주의자로 살았던 20대 시스젠더 헤테로 남성에게 비건(완전 채식주의자)을 선택한다는 건 한국에서 참 힘든 일이었습니다. 금요일 비건 선언을 하고 고작 단 하루 만에 '남자는 고기를 먹어야 힘을 쓴다'는 명제가 거진 사실인양 받아들여지는 한국사회에서, 채식을 하는 딸에게 소고기집에 데려가 굳이 집게와 가위를 쥐여주는 한국사회에서 비건을 지향하던 사람들이 얼마나 힘들었을지 새삼 깨달았습니다.

처음에는 '일주일에 하루만 완전 채식을 한다고 뭐가 크게 바뀌겠어?'라는 생각을 했었습니다. 그 오만했던 생각은 단 하루 만에 깨졌습니다. 하늘의 장난질인지 비건 선언을 한 바로 그 주 금요일에는 1년 만에 보는 대학 동기들과 바비큐 파티가 기다리고 있었기 때문입니다. 당장 큰일이 났습니다. 그토록 좋아했던 삼겹살과 소주를 눈앞에 두고 버섯과 마늘만 주워 먹어야 하는 상황이 막상 닥치니 '일주일에 하루 채식'은 지금까지 살아왔던 생활방식을 완전히 뒤엎어야 하는 일이었습니다.

단 하루의 소중함을 깨닫게 해 준 사람은 다름 아닌 완전 채식을 하던 동지의 한마디였습니다. 솔직히 '금요 비건'을 하고 있다는 말 자체를 채식주의자들 앞에서 하기에 부끄러워했습니다. 그들과 비교해 너무나 작아 보였기 때문입니다. 하지만 금요일에 완전 채식을 하고 있다는 말을 듣자마자 너무나 반가워했습니다. '요일 비건'을 하는 사람이 6명만 더 있으면 한 사람 역할을 할 수 있겠다는 말을 해 주던 그의 해맑은 얼굴은 아직도 잊을 수가 없습니다.

사람의 마음을 바꾸는 일은 정말 어려운 일입니다. 그러나 아주 작은 행동으로도 변하게 할 수 있는 것이 바로 사람의 마음입니다. 우리는 아주 작은 실천으로도 나와 주변의 사람들을 바꿔낼 수 있습니다. 그렇게 조금씩 감수성을 키우면서 우리는 점점 예민하게 변합니다.

한국 사회에서 채식을 한다고 말하면 왜 이렇게 예민하냐는 둥 조롱 비슷한 말을 듣곤 합니다. 하지만 우리 사회는 다른 사람보다 조금 더 예민한 사람들이 세상을 바꿔왔다는 사실을 잊지 않아야 합니다. 강원도 모 초등학교에서는 학교 급식에서 채식 선택 옵션을 도입했습니다. 마초들의 성지라고 불리던 대한민국 군대에서조차 채식주의자들을 위한 식단을 고민하기 시작했습니다.

세상은 아직 부족하고 더디지만 이렇게 조금씩 나아지고 있습니다. 열성적으로 헌신했던 환경단체 활동가와 사회 운동가들과 함께 한편에는 각자의 자리에서 소리 소문 없이 작은 실천을 해왔던 조금 예민한 사람들이 있었기 때문입니다.

10. 헌법상 6대 국민의 의무 중 하나가 환경보전?
"환경보전은 더 이상 선택의 영역이 아닙니다."

어디선가 배웠던 국민의 4대 의무를 기억하시나요? 교육의 의무, 납세의 의무, 근로의 의무, 국방의 의무가 바로 그것입니다. 거기에 공공복리에 적합한 재산권 행사와 환경보전의 의무를 더하여 헌법상 규정된 국민의 6대 의무라고 부릅니다.

대한민국 헌법 제135조 '모든 국민은 건강하고 쾌적한 환경에서 생활할 권리를 가지며, 국가와 국민은 환경보전을 위해 노력하여야 한다.' 여기서 환경은 사회환경, 자연환경, 문화재까지 포함되며 국가와 국민은 이것들을 보호해야 합니다.

환경보전의 의무는 보다 쾌적한 환경에서 살기 위해 규정하였습니다. 심해지는 환경오염과 환경파괴에, 이를 회복하고 방지하기 위한 의무입니다. 특히, 환경보전은 환경파괴, 산업공해 등에 대한 피해를 예방하고 이미 파괴된 환경을 되살리기 위한 국가와 국민의 의무입니다.

그런데 지금의 상황은 그리 녹록지 않아 보입니다. 대체 왜 그러는 걸까요? 이유는 간단합니다. 그 의무를 다하고 있지 않기 때문입니다. 정확히는 한 나라의 정책을 결정할 수 권한이 있는 책임자들의 무관심과 안일함 때문입니다.

대한민국 국민들의 환경의식은 절대 낮은 편이 아닙니다. 2018년 환경보전에 관한 국민의식조사를 살펴보면 일반국민은 78.6%, 전문가는 100%가 환경문제에 관심이 높다는 결과를 보입니다. 거창하게 국민의식조사까지 살펴보지 않아도 우리는 주변에서 수많은 환경지킴이들을 만날 수 있습니다.

식목일이 되면 아직도 아버지 손을 잡고 뒷동산으로 올라가 나무 심기에 열중합니다. 학교에서는 어느 학교 할 것 없이 '잔반 없는 날' 캠페인을 진행하고 집에 들어가면 어머니들은 방에서 나올 때는 꼭 불을 끄고 나오라는 잔소리가 끊이지를 않으십니다. 플라스틱 Take-out잔 대신 텀블러를 들고 다니는 건 다반사고 최근에는 스테인리스 다회용 빨대나 대나무 칫솔 등 제로웨이스트 제품을 사용하는 친구들이 늘어나고 있습니다.

대체 왜 이렇게나 노력하고 있는데도 큰 변화를 만들어내지 못하는 걸까요? 여기에 답을 하기 위해서는 정확한 진단과 처방이 필요합니다. 국내 온실가스 배출량을 살펴보면 농업과 민간 폐기물을 전부 합해도 0.37억 톤에 불과합니다. 국내 온실가스 배출량 중 가장 많이 차지하는 분야는 에너지(전기 및 열 생산, 철강, 기타 등)가 87%에 해당합니다. 1인당 전력소비량을 살펴봐도 가정용 전력소비량은 전체 전력 소비 중 14%(2020년 기준) 정도에 불과합니다.

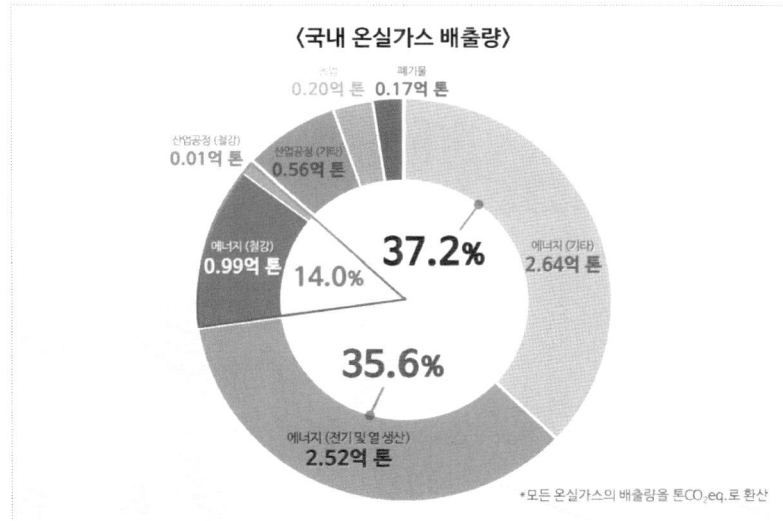

국내 온실가스 배출량(출처:2017년 환경부 온실가스종합정보센터 국가 온실가스 인벤토리)

이처럼 민간이 탄소 배출에 미치는 영향은 매우 극미하기 때문에 아무리 개인적인 실천을 통해 노력한다고 해도 역부족입니다. 저탄소, 친환경 제품을 사용하고 채식을 실천하는 등

개인적인 실천은 매우 훌륭하고 좋은 방법이지만 이것만으로는 충분하지 못합니다.

그렇다면 가정이 아니라 기업과 국가의 대응은 어떠할까요? 2018년 온실가스종합정보센터(KRI) 자료에 따르면 상위 20개의 다배출 기업이 전체 배출량의 58%를 차지합니다. 온실가스 배출량 영욕의 1위는 11%를 차지하는 포스코로 한 해 배출량이 7,300만 톤에 달합니다.

국가의 사정도 다르지 않습니다. 석유 관련 각 부문별 전 세계 TOP10 국가를 살펴보면 석유 생산을 제외하고는 전부 세계 10위권의 반열에 올라 있습니다. 최근 문재인 대통령은 2050년까지 탄소중립을 하겠다고 선언했고 국회에서도 기후위기 비상사태를 선언하였지만 현실을 달라지지 않고 있습니다. 기후위기 해결과 탄소 감축을 위한 구체적인 계획은 아직도 부족합니다. 실제로 국내에 석탄 발전소 7기를 새로 짓고 있을 뿐 아니라 베트남 붕앙-2, 인도네시아 자바 9,10호기 등 아직도 대규모 석탄 발전을 해외로 수출하고 있는 실정입니다.

베트남과 인도네시아 한국대사관 앞에서는 석탄화력발전소 투자 중단을 요구하는 현지인들의 시위가 끊이지를 않고 있습니다. 그들의 요구는 우리의 그것과 다르지 않습니다. 우리의 생존을 위해 석탄 발전을 중단하고 탄소 배출을 대폭적으로 감축하라는 요구를 하고 있습니다. 이제 대한민국은 나라 안팎 어디에 가서도 '기후 악당' 취급을 받는 신세가 되어버렸습니다.

대한민국은 OECD 경제 규모 10위권인 경제 강국입니다. 이제는 더 이상 예전처럼 경제발전을 위해 어쩔 수 없었다는 변명을 하기에도 낯부끄럽기 짝이 없습니다. 대한민국 정부와 기업은 세계적으로 '기후 악당 국가'라는 오명에서 벗어나기 위해서 이제부터라도 책임 있는 자세로 환경보전의 의무를 다해야 합니다.

그러나 단순히 '기후 악당'이라는 오명에서 벗어나기 위해 보여주는 착한 행동 정도로만 치부해서는 안됩니다. 환경보전의 의무는 헌법 조문에만 적혀 있는 듣기 좋은 문구도 아니요, 매년 시행하는 환경의 날 캠페인으로 퉁칠 수 있는 이벤트도 아닙니다. 이제 환경보전의 의무는 인류 생존과 인간다운 삶을 영위하기 위해 반드시 이행해야만 하는 필수과제입니다.

11. 언제 죽을지도 모르는데 불이나 잘 끄고 다니라고요?
"나의 미래를 빼앗지 말라!"

2019년 3월 15일, 드디어 대한민국 청소년들이 거리로 뛰쳐나왔습니다. 청소년들은 5월 24일 '청소년 기후행동' 시위, 9월 27일에 이르러서는 급기야 결석 시위를 감행했습니다. '무책임 끝판왕 상'을 대한민국에게 수여하고 '정부의 기후위기 대응점수 빵점'이라는 커다란 현수막을 앞에 세우고 청와대까지 행진했습니다. 전 세계 수많은 청소년들이 거리로 쏟아져 나오고 있습니다. "기후를 위한 학교파업(school strike for climate)"은 이미 전 세계 청소년들의 결석 시위로 번지고 있습니다.

2019년 5월, 청소년들은 서울시교육청에 기후변화 교육을 요구하는 서한을 전달했습니다. 서한을 전달하러 온 청소년들에게 교육청 직원은 '환경교육'을 더 잘하겠다고 말했습니다. 교육청 직원, 교사들을 비롯한 어른들은 거리로 나온 청소년들을 어떤 시선으로 바라볼까요?

어른들은 거리로 나온 학생들에게 공부나 하지 벌써부터 시위를 한다며 면박을 주기도 합니다. 부모님들은 행동하는 청소년들에게 굳이 시위까지 해야 하냐며 묻곤 합니다. 그런 어른들에게 청소년들은 이렇게 되묻습니다. "미래가 없는데 왜 미래를 위해 공부해야 하나요?", "어른들에게 가르쳐 줄 것이 있어서 학교에 가지 않고 거리로 나왔습니다."

학생들에게 공부나 하라는 말은 어쩌면 어른들의 무책임함을 드러내는 말일지도 모르겠습니다. 어른들은 "학생일 때는 공부하고 어른이 되어서 행동해도 되는 거라면 그 분들은 지금 어디서 무얼 하고 있느냐"는 학생들의 정곡을 찌르는 이 질문을 깊이 되뇌어 볼 필요가 있습니다. 더불어 우리 아이들의 미래를 누가 빼앗고 있었는지와 함께 말입니다.

또 다른 시선이 마찬가지로 존재합니다. "어린 친구들이 대단하네", "기특하네"라는 말로 기후행동을 하는 청소년들을 칭찬합니다. 물론 대부분의 어른들은 좋은 의도를 갖고 이야기합니다. 하지만 청소년들은 이런 시선을 거부합니다. 청소년을 바라보는 너무도 일반적인 편견에서 기인한 말이기 때문입니다.

어른들은 애초에 청소년이 할 수 있는 일과 없는 일을 어른들만의 기준으로 구분합니다. 어른들의 기준으로 판단하니 시위를 열거나 정치적으로 행동하는 것은 예외적이고 대단하다고 보는 것입니다. 우리는 청소년들을 한 명의 시민으로 대우하지 않습니다.

가장 대표적으로 고3 수험생에게 무심코 '딱 1년만 죽었다고 생각하고 공부만 해'라는 말을 내뱉곤 합니다. 하지만 청소년들은 결코 죽은 존재도, 미래를 위해 지금을 포기해야 하는 존재들도 아닙니다. 단지 우리와 똑같이 오늘날을 함께 살아가는 존재입니다.

> "우리는 그저 학교에 가지 않는, 일하러 가지 않는 그런 사람들이 아닙니다.
> 우리는 변화의 물결입니다."
> -그레타 툰베리(스웨덴 기후활동가)-

어른들이 평범하게 누렸던 권리와 일상이 청소년에게도 주어져야 합니다. 미래에 대한 걱정없이 청소년들이 꿈을 꿀 수 있어야 합니다. 정부와 국회, 기업에 다니는 어른들은 위기를 인식하고 청소년들의 경고를 들어야 합니다.

'환경교육'을 잘 하겠다던 교육청의 말이 적어도 '불을 잘 끄고 다녀라', '텀블러를 사용해라'와 같은 기존의 실패를 되풀이하는 방식을 말하는 것이 아니기를 바랍니다. 이제는 교사들도 깨어나고 있습니다. 깨어난 교사들은 이렇게 말합니다.

> "우리가 교실에서 너무 오랫동안 지속 가능한 개발을 가르쳐왔기 때문에 우리의 제자들은 세계 각국 정부가 이 사태를 심각하게 고려하고 우리 인간이 얼마든지 대처할 수 있다고 착각해왔습니다."
> -기후정의선언, 우리는 실패할 권리가 없습니다. (우리 모두의 일, 마농지)-

어른들은 "미래가 없는데 왜 미래를 공부해야 하나요?"라고 묻는 청소년들에게 어떤 답을 주어야 할까요? 어떤 답을 줄 수 있을까요? 우리는 이제 이 질문에 대해 그 어느 때보다 진지하게 고민해야 할 때입니다.

12. 한국의 툰베리가 필요하신가요?
"그레타 툰베리와 함께 하는 기후행동"

스웨덴의 10대 기후 운동가, 그레타 툰베리를 아시나요? 지난 2018년 8월 스웨덴 스톡홀름 국회의사당 앞, 한 소녀가 '기후를 위한 등교 거부'라는 팻말을 들고 정문 앞에 섰습니다. 총선이 실시되었던 9월 9일까지 날마다 학교 대신 국회 앞으로 가서 1인 시위를 했습니다. 총선이 끝난 뒤에도 그레타는 매주 금요일마다 등교 거부 운동을 계속했습니다. '#미래를 위한 금요일' 행동은 세계 각지의 십 대들이 등교를 거부하며 다양한 기후 행동으로 전파되기 시작했습니다.

2019년에는 탄소배출을 줄이기 위해 비행기 대신 태양광 패널과 수중 터빈을 장착한 요트를 타고 대서양을 횡단했습니다. 그렇게 UN 기후행동 정상회의에 참석하여 세계 각국의 정상들을 향해 '모든 미래 세대의 눈이 여러분을 향해 있다며' 따끔한 충고를 날렸습니다.

한국의 정치권, 교육계에서도 그레타 툰베리에 대한 관심이 부쩍 늘었나 봅니다. 모 지자체에서는 '한국의 툰베리'를 찾는다며 경연대회를 여는가 하며, 교육부와 환경부는 '기후행동

1.5℃'라는 모바일 앱을 개발하며 "세상을 움직이는 스웨덴의 청소년 기후 활동가 그레타 툰베리처럼 미래세대인 어린이들이 기후행동 1.5℃ 앱을 사용하여 기후위기 대응의 중요성에 대해 학습하면서, 기후행동을 습관화하길 바란다."고 홍보합니다.

참으로 어처구니가 없는 일입니다. 기후위기를 만들어 낸 장본인들이 앞으로 가장 오랫동안 그 피해를 감당할 아이들에게 어려서부터 다그치는 꼴이라니요. 오히려 기후위기 대응의 중요성을 학습하고 기후행동을 습관화해야 할 사람들은 아이들이 아니라 바로 어른들이면서 말입니다.

한국의 툰베리가 된다는 것은 어떤 일일까요? 청소년들의 이야기를 들어볼까요? 지난해 UN 청소년 기후회담에 참석했던 미국 기후 행동가 아젤리아 데인즈는 '청소년으로서의 평범한 일상을 포기하며 정말 힘들고 스트레스도 많이 받았지만 기후행동을 하는 모든 순간이 가치 있었다'고 말했습니다.

같은 행사에 참석했던 한국의 김유진 활동가는 '전 세계 청소년 누구나 시위를 준비하느라 학업에 타격이 가지만 지금은 그렇게 밖에 할 수 없는 상황이며 나이에 상관없이 행동하지 않으면 미래가 보이지 않는다'라고 말했죠.

이 아이들이 기특하신가요? 대단해 보이시나요? 환경운동가도, 기후학자도 꿈이 아니었던 이 청소년들이 지구와 환경을 위해 기후행동을 하고 있는 이 모습이 자랑스러우신가요? 부끄러워해야 합니다. 미래가 사라질 위험에 처한 이들에게 말입니다. 적어도 절박한 심정으로 기후행동을 할 수밖에 없게 만든 당사자로서 하실 말씀은 아니라고 생각합니다. 본인들이 청소년으로서의 평범한 일상을 빼앗고 그들이 살아갈 미래마저 사라질 위기에 놓이게 만들었으니까요.

제 말이 불편하신가요? 아니면 너무 슬프신가요? 그레타는 단호하게 말합니다. "기후에 관한 책이니까 슬플 수밖에 없어요. 그러니까 이 책을 읽는 독자가 참아야죠." 기후에 관한 책은 슬픕니다. 가끔은 절망적이기까지 합니다. 하지만 우리는 현실을 받아들여야만 합니다. 그래야만 다음을 생각해 볼 수 있기 때문입니다.

그레타 툰베리는 지난해 노벨평화상 후보에까지 오르며 타임지가 뽑은 올해의 인물이 되기도 했습니다. 그런데 그런 그레타 툰베리를 보고 한국의 청소년 기후 활동가들은 어떻게 생각했을까요? 대단하다? 부럽다? 아니었습니다 '정말 힘들었겠다.'였습니다. 누구보다도 그레타의 마음을 잘 알았을 테니까요. 학교에 가지 않고 시위를 하고 있는 현실이 얼마나 힘든 일인지 잘 알고 있었기 때문입니다.

실제로 그레타는 기후변화에 관한 공부를 시작하고 나서 11살 때는 우울증을 앓았고 몸무게가 10kg이나 빠졌다고 합니다. 그러나 그레타 혼자만 겪는 일은 아닙니다. 대부분의 기후 활동가들 에기 공통적으로 보이는 현상입니다.

기후위기의 실체를 알고 난 이후에 일정 기간 겪는 '기후 우울증'은 어쩌면 반드시 겪어야 할 통과의례일지도 모르겠습니다. 하지만 다들 기후위기를 막기 위해 무슨 일이든 하고 싶다는 소망과 자신이 할 수 있는 일이 반드시 있을 거라는 희망이 생기면 툴툴 털어내곤 합니다.

더군다나 그레타는 자폐증의 일종인 아스퍼거 증후군을 앓고 있지만 오히려 자신의 병이 남과 다르게 사물을 볼 수 있게 했다고 말합니다. 어쩌면 그레타는 맨눈으로 이산화탄소를 알아차릴 수 있는 극소수의 사람일지도 모릅니다. 정말 우리의 굴뚝에서 뿜어져 나오는 온실가스가 바람을 타고 하늘로 올라가 보이지 않는 거대한 오염층을 만드는 것을 볼 수 있을지도 모릅니다.

우리에게도 누구보다 먼저 기후위기에 대해 대응해야 한다며 거리로 나선 이들이 있습니다. 스스로 기후 감수성과 대응 역량을 키워온 청(소)년들이 있습니다. 어른들은 그들에게 미래 세대라고 쉬이 말하지만 이미 그들은 현재 세상을 움직이고 있는 기후 대응의 주체들입니다.

그러니 '이 나라의 미래는 젊은 세대에게 달려있다'는 하등 쓸모없는 응원이나 할 생각은 하지 않았으면 좋겠습니다. 교육을 통해 '한국의 툰베리'를 키워내겠다고 힘을 뺄 시간에 오히려 '한국의 툰베리'가 없어도 될 세상을 만드는 데 함께 동참하시기를 제안합니다.

이제 "모든 미래 세대의 눈이 여러분을 향해 있습니다."

"어떻게 감히 여러분은 지금까지 살아온 방식을 하나도 바꾸지 않고 몇몇 기술적인 해결책만으로 이 문제를 풀어나갈 수 있는 척할 수 있습니까?

오늘날처럼 탄소배출을 계속한다면, 남아있는 탄소예산마저도 8년 반 안에 모두 소진되어 버릴 텐데요.

오늘 이 자리에서 제시될 어떠한 해결책이나 계획도 이 남아 있는 탄소 예산을 고려한 것은 없을 것입니다.

왜냐하면 탄소 예산을 나타내는 이 수치는 매우 불편한 것이기 때문입니다.

그리고 여러분은 여전히 사실을 있는 그대로 말할 수 있을 만큼 충분히 성숙하지 않기 때문입니다.

여러분은 우리를 실망시키고 있습니다. 그러나 우리 세대는 여러분이 배신하고 있다는 걸 이해하기 시작했습니다. 모든 미래 세대의 눈이 여러분을 향해 있습니다. 여러분이 우리를 실망시키기를 선택한다면, 우리는 결코 용서하지 않을 것입니다.

여러분이 이 책임을 피해서 빠져나가도록

내버려두지 않을 것입니다.

바로 여기, 바로 지금까지입니다.

더 이상은 참지 않습니다. 전 세계가 깨어나고 있습니다.

여러분이 좋아하든 아니든, 변화는 다가오고 있습니다.

감사합니다."

-그레타 툰베리(2019.9.23. UN 기후행동 정상회의 연설

중)-

13. 세계는 지금 기후위기와 전쟁 중
"동네방네 지구촌 기후행동"

지난 2020년 9월 12일 한국에서는 코로나19에도 불구하고 기후위기 비상행동의 대규모 온라인 집회가 열렸습니다. 전국 곳곳에서 온라인을 통해 적극적인 기후위기 대응을 촉구하는 동시 기후행동 집회를 진행했습니다. 서울역 인근 윤슬 광장에는 전국 각지에서 시민들이 보낸 약 3,000여 켤레의 신발로 대체한 행진 퍼포먼스가 펼쳐졌고 그 장대한 광경은 시민들이 느끼는 기후위기에 대한 위협의 정도를 간접적으로나마 느낄 수 있었습니다.

9월 9일, 영국의 멸종 저항(Extinction Rebellion, XR) 청년들은 "억만장자들은 코로나 19로 인한 봉쇄 상황에서도 부가 커져만 가는데 저임금에 시달리는 의류산업 노동자들의 고통은 더없이 커졌다"며 노동자들의 임금인상을 주장하며 많은 의류 브랜드를 가진 아카디아 그룹 앞에서 시위를 벌였습니다.

9월 7일에는 미국 노동절을 맞아 뉴욕의 기후활동가 수백 명이 센트럴 파크에 모여 기후 행동을 벌였습니다. "우리는 환경정의와 기후정의를 위한 전 지구적 거대한 싸움의 일부분"이라며 베데스타 분수 앞에 가짜 피를 뿌리며 '슬픔의 의식'을 진행했습니다. 그 후 행진을 시작해 센트럴 파크의 남서쪽 입구에 도달할 무렵 건너편 트럼프 호텔 앞 지구 모형에는 멸종 저항 활동가 셋이 "바로 당장 기후정의!"란 플래카드를 걸고 시위를 벌였습니다. 이 활동가 셋은 모두 연행되기까지 했습니다.

미국 선라이즈 운동(Sunrise Movement) 활동가들은 곳곳에서 새벽에 의원들의 집 앞에 찾아가 "정의가 없이는 잠도 없다"는 캐치프레이즈로 의원들이 기후위기를 직시할 것을 요구하는 시위를 전개하고 있습니다. 이 행동은 새벽에 집에 들이닥친 경찰이 쏜 총에 맞아 죽은 한 흑인 여성을 추모하기 위한 행동으로 시작되었습니다. 하지만 이제는 기후 활동가들에게도 퍼져 기후위기 때문에 잠 못 자는 청년 세대들의 고통을 의원들도 느껴야 한다는 의미를 띠고 있습니다.

9월 5일 새벽, 캘리포니아 지역의 활동가들이 공화당 케빈 매카시 의원의 집 앞으로 찾아가 기후위기의 심각성을 직시하지 못하고 있다며 "잠에서 깨어날 것"을 요구했습니다. 약 25명의 활동가들은 메카폰까지 동원해 엄청난 소음을 유발하는 방식으로 시위를 전개했습니다.

이들은 대체 왜 이렇게까지 할까요? 혹시 범죄자들이나 하는 행동처럼 느껴지셨나요? 지금 지구촌에 사는 청년들은 기후위기라는 위협과 맞선 일생일대의 전쟁을 하고 있습니다. 어쩌면 뉴욕의 기후 활동가들은 센트럴파크에 가짜 피가 아니라 자신의 피를 뿌리고 싶었을지도 모릅니다. 아마도 선라이즈 운동 활동가들은 국회의원 집으로 찾아가 메가폰 소음이 아니라 실제 총을 쏘고 싶은 심정일 겁니다. 우리 청년들은 지금 그만큼 절박하기 때문입니다.

가끔 해외 사례들을 보고 있으면 우리나라는 참 양반이라는 생각을 자주 합니다. 11월 19일 오전 8시 30분 국회 정문 앞에 노란 우비를 입은 청년 6명이 나타났습니다. 자전거 자물쇠로 국회 철문에 목을 묶고 "우리는 살고 싶다"라고 외쳤고 '우리는 멸종을 향해 가고 있다' '2025 탄소중립'이라고 적힌 현수막을 든 다른 청년들이 그 옆에 섰습니다. 같은 날 열린 '장기 저탄소 발전전략(LEDS) 공청회'를 앞두고 정부의 기후변화 대응을 촉구하기 위한 항의 시위였습니다.

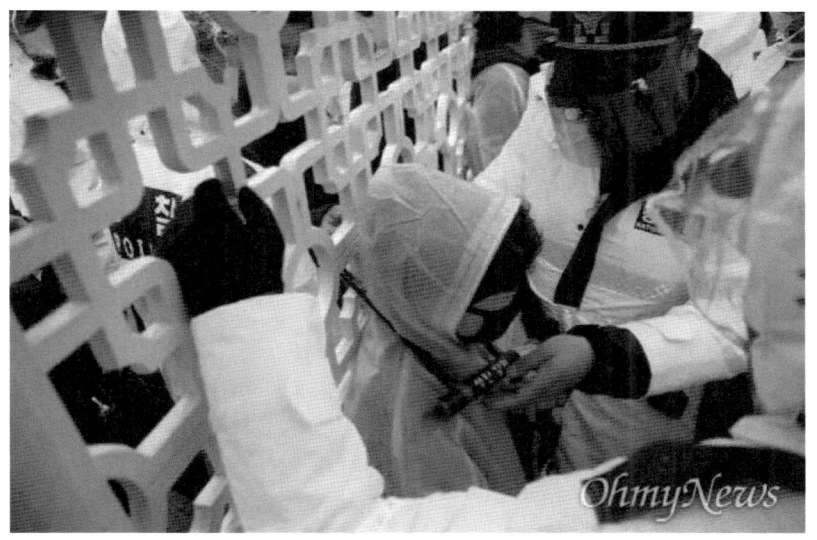

국회 정문에서 멸종반란한국 활동가들이 목을 매고 시위를 하는
장면(출처:오마이뉴스)

20분 뒤 경찰은 절단기를 이용해 자물쇠를 끊었고 목을 잠근 6명과 피켓을 든 청년들까지 '멸종 반란 한국' 소속 11명을 전부 업무방해·집회 및 시위에 관한 법률 위반 등의 혐의로 연행했습니다. 우리나라 기후 운동 사상 첫 연행 사례입니다.

'멸종보단 연행'을 택한 청년들은 살기 위해 목을 묶었습니다. 세계 청년들은 지금, 평화롭지만 아주 단호하게 전쟁을 치러내고 있습니다. 그 대상은 눈에 보이지 않는 이산화탄소나 기후위기가 아닙니다. 바로 기후위기를 유발한 기업과 이를 방

조한 국가를 상대로 싸우는 중입니다. 정책입안자나 국회의 입법 노동자, 기업을 경영하는 CEO를 포함하여 20세기 탄소 배출을 주도했던 모든 기성세대들은 이 사실을 똑바로 직시하고 제대로 된 답을 내놓아야 합니다.

14. 한국의 청년, 대학생이 나서다.
"대학생기후행동, 서포터즈에서 출범까지"

지난 2020년 10월 31일, 대학생의 거리 신촌에서 가짜 그린 뉴딜 OUT, 탄소배출 ZERO "10.31 대학생 기후행동의 날 대학생 퍼레이드"와 <대학생 기후행동> 출범식이 있었습니다. 코로나 19도 대학생들의 의지를 꺾지 못했습니다. 대학생은 대학생답게, 즐겁고 신나지만 단호하고 명료하게 기후위기 해결을 촉구했습니다. 코로나 19 팬데믹으로 모두가 우울한 시기, 대학생들은 왜 다시 거리로 나왔을까요?

며칠 전 11월 3일. 학생독립운동 기념일(학생의 날)이었습니다. 예부터 학생들은 역사 속에서 중추적인 역할을 담당해왔죠. 역사의 물줄기를 바꾸는 데 결정적인 일격을 가하기도 했습니다. 대학생은 일본 제국주의에 맞선 독립투쟁의 선봉이었습니다. 4.19 혁명, 5.18 민주화운동, 그 민주화의 역사 한복판에도 대학생이 있었습니다. 6월 민주항쟁의 박종철과 이한열, 그들도 역시 대학생이었습니다.

하지만 옛날과 다르게 고등학교 졸업생 대다수가 대학에 진학하는 시대에 대학생은 지식인으로서의 역할이 다소 희미해졌다고들 봅니다. 이렇게 대학생은 점차 역사에서 지워지는 듯하였습니다. 계속 높아지는 청년 실업률과 청(소)년 자살률은 어쩌면 대학생들을 더욱 움츠러들게 했는지도 모르겠습니다.

2016-2017년 촛불 혁명은 그 걱정을 불식하는 데에 충분하였습니다. 전국 대학교 총학생회에서는 하나같이 시국선언을 준비했고 대학생들은 학생회실에만 묵혀 두었던 깃발들을 하나 둘 꺼내어 거리로 나왔습니다. 혁명이 끝나고는 변화하는 시대에 충분히 대응하기 위한 전국 단위 대학생 조직으로 <전국대학학생회네트워크>가 출범하였고 최근 코로나19로 인한 수업권 침해의 부당함을 내세우며 코로나19 대학가 등록금 투쟁에 앞장서고 있습니다.

인천대학교에 재학 중이던 <대학생기후행동> 최재봉 대표는 대학생 조직의 필요성을 최초로 제기하였습니다. 최 대표는 JTBC 뉴스룸에 보도된 기후위기의 처참한 결과를 보고서 기후위기 대학생 조직을 만들기로 마음먹었다고 했습니다. 지금과 같은 수준으로 계속해서 탄소를 배출한다면 2030년에는 폭우로 재학 중인 학교와 인천공항이 물에 잠긴다는 사실은 너무나 큰 충격이었기 때문입니다.

먼저 2020년 7월 인천대학교 학생들을 대상으로 사람을 모아 <인천 대학생 기후행동 에코코(ecocoin15)>를 만들었습니다. 코로나 19로 비대면 수업이 일반적인 시기였지만 기후 문제에 관심을 갖고 있는 학생이 많았습니다. <인천 대학생 기후행동>은 매주 금요일 인천시청 앞에서 "졸업까지 4년, 지구에게 남은 시간 7년"이라는 슬로건으로 1인 시위를 진행했습니다. 1인 시위를 진행할 때마다 함께 하고 싶은 대학생이 늘어 2020년 11월 현재는 10명이 되었습니다.

인천에서의 성공에 힘입어 <대학생기후행동> 출범 준비를 위한 서포터즈를 전국에서 모았고 총 40여 개 학교, 190여 명이 지원하였습니다. 서포터즈 활동은 "9.25 세계 기후 정의를 위한 행동의 날 (Global Climate Justice Action Day)" 참여를 시작으로 총 3회 차 세미나와 매주 '금요행동'을 진행하였습니다.

기후위기는 절대 한 사람의 개인적 실천으로 해결할 수 없는 문제입니다. 혼자 텀블러를 사용하고 플라스틱 줄이기를 열심히 실천하는 것도 물론 중요합니다. 하지만 이 실천들이 기후변화에 미치는 영향은 매우 적습니다. 그나마 효과가 좀 있다는 채식 실천마저도 역부족입니다. 그래서 우리 대학생들은

"기후변화 말고 체제 변화"를 요구합니다.

첫 만남에서 대학생들도 기후위기 해결을 위해 텀블러를 쓰거나 플라스틱 줄이기를 열심히 하자는 이야기가 다수였습니다. 하지만 지금은 세미나를 통한 치열한 학습과 매주 금요일마다 청와대, 국회, 시청/도청, 한국전력공사, 탄소 다배출 기업(포스코 등) 앞에서 실천을 이어가며 몸으로, 마음으로 느꼈습니다. 기후위기는 지금까지 살아왔던 우리의 생활양식 전반과 사회체제, 생산구조 자체를 바꿔야 해결이 가능하다는 것을 말입니다.

10월 31일 출범식을 기점으로 드디어 <대학생기후행동>은 1기를 구성하고 있습니다. 서포터즈에서 정식 회원으로 전환한 대학생들은 신입회원을 만날 생각에 벌써 설레 하고 있습니다. 2021년 전국 대학생 기후총회를 목표로 수많은 대학생들을 만날 준비를 하고 있습니다. 기후위기 대응을 위한 사회변화를 대학생 자신들의 생활공간인 대학부터 변화시키고자 계획을 준비하고 있습니다. 탄소 배출 캠퍼스와 생태사회로의 전환을 위해 권위주의를 타파하고 민주적 의사결정 구조로 개혁해야 한다고 주장합니다. 정의로운 커리큘럼 구성을 통한 대안적 학문 실험의 장으로 탈바꿈하겠다고 말합니다. 2020

년, 드디어 <대학생기후행동>은 그 첫 삽을 떴습니다.

15. 강화도 조약 보다 모르는 파리기후협약
"예비교사의 눈으로 바라본 기후환경교육"

지난 2019년 4차례의 기후를 위한 결석 시위를 진행하며 기후 재난의 위협에서 가장 오랜 시간 동안 피해를 입을 뿐 아니라 기성세대가 떠넘긴 그 책임마저 지며 살아가야 하는 청소년들의 미래를 빼앗지 말아 달라고 요구했습니다. 2019년 8월에는 서울시교육청 조희연 교육감과 직접 만나 탈 석탄 금고 지정, 채식급식 선택권 보장, 체계적인 기후위기 교육, 청소년 사회 참여 등을 요구하였습니다.

서울시교육청은 즉각 응답하였습니다. 청소년들의 요구사항을 반영하여 교육 예산이 기후위기를 심각하게 하는 석탄에 투자되지 못하도록 교육청의 금고 선정 시 '탈 석탄 금고'를 우대하여 선정하겠다는 결정을 하였습니다. 또 '생태 전환 중장기 계획안'을 발표하여 청소년들이 기후위기의 위협을 스스로 인식하고 고민하며 행동할 수 있는 힘을 키울 수 있도록 하였습니다.

2020년 9월 25일, 청소년 기후행동은 또다시 결석 시위를 벌이며 21대 국회의원에게 행운의 편지를 보내어 국회에 기후위기 해결을 촉구하였습니다. 현재까지 행운의 편지를 받은 국회의원 77명 중 38명만이 응답하였습니다(기준: 2020.12.13.). 이렇듯 학생, 청소년들은 기후위기를 본인의 문제로 인식하고 해결을 위해 적극적으로 행동에 나서고 있습니다.

지난 2019년 9월 21일 오후 3시 서울 대학로 혜화역 1번 출구 앞 도로에는 2개의 집회로 수많은 인파가 몰렸습니다. 환경, 농민, 인권, 노동, 종교 등 전국 시민사회단체 330여 개로 구성된 '기후위기 비상행동'이 진행한 5,000여 명의 '9.21 기후 파업(Climate Strike)'와 전국 7개 교육대학교, 이화여대 초등교육과, 제주대 초등교육과, 한국교원대 초등교육과로 구성된 '전국 교육대학생 연합'이 진행한 1,500여 명의 '0921 교육 공동행동'이 바로 그것입니다.

기후 파업 대열에는 결석 시위를 하러 나온 초등학생들도 종종 볼 수 있었습니다. 과연 0921 교육 공동행동에 참석한 교육대학생들은 거리로 쏟아져 나온 그 초등학생들을 바라보며 어떤 생각을 했을까요? 가장 많이 느꼈던 감정은 '놀라움'과 '부끄러움'이었습니다. 교육여건 개선을 위해 거리로 나와 싸우고 있었지만 정작 지금 아이들이 어디에 관심이 있었는지는 몰랐기 때문입니다. 몇 년 뒤면 교육현장으로 나아갈 우리는 아직 학생들이 바라는 '체계적인 기후위기 교육'을 할 준비가 전혀 되어있지 않았기 때문입니다.

인권단체에서 일하는 것이 꿈인 청소년 기후 활동가 김도현 학생은 전 세계 탄소배출량 7위인 '기후 악당' 대한민국에 사는 것을 부끄러워했고 남태평양 섬나라들이 해수면 상승으로 물이 잠기고, 동남아시아는 태풍과 이상기후로 삶의 터전을 잃고 있다며 그들의 삶을 짓밟고 있는 우리의 시스템을 바꿔야 한다고 일갈했습니다.

"얼마 전 제 인터뷰 기사에 '고등학생부터 그런 행동을 한다면 대한민국에 미래가 없다' '시위 말고 삶에 필요한 활동을 해라' 등의 댓글이 달렸습니다. 정말 그런가요? 제가 고등학생 때부터 이런 활동을 하는 이유는 할 수 있는 시간이 지금 밖에 없기 때문입니다. 대학 가고 나서, 취업하고 나서 돌아보면 그땐 이미 늦었을 것입니다. 지금 시위 말고 제 삶에 필요한 행동은 없습니다."

-청소년 기후활동가 김도현(단비뉴스 인터뷰 중)-

오로지 대학입시만 바라보다가 허비했던 지난 학교생활을 돌이켜보면 지금 거리로 나온 중고등학교 후배들과 훗날 만날 제자들에게 미안한 감정뿐입니다. 탄소배출을 가속화했던 지난날의 시스템 속에서 교육을 받았는데 나보고 어쩌라는 거냐고 핑계를 대기에는 그들의 간절한 외침과 행동 앞에서 매우 부끄럽기 짝이 없었습니다. 기후위기와 지구온난화에 대한 언급이 전혀 없는 '교육대학교 교육과정'을 탓하기에도 우리에게는 너무나 많은 시간이 있었습니다.

우리 예비교사는 청년 세대로서 기후위기와 탄소배출의 피해자이기도 하지만 앞으로 가르치게 될 우리 아이들에게는 단지 기후위기에 대한 무책임한 대응으로 그들의 권리를 **빼앗은** 가해자일 뿐입니다. 그렇기 때문에 우리 예비교사들은 기후위기의 당사자로서 더 적극적으로 맞서야 합니다.

그렇다고 거창한 무언가를 해야 한다는 말은 아닙니다. 당장 2021 새내기 새로 배움터와 과별 MT, 학생식당에서 '채식 선택권'을 보장할 수 있도록 옵션을 마련해야 합니다. 교육대학교 교육과정에 '체계적인 기후위기 교육' 커리큘럼을 반영하도록 요구해야 합니다. 학교에서 반영해주지 않는다면 당장은 우리끼리라도 모여서 함께 공부하고 행동해야 합니다.

아무리 기후위기에 대해서 모른다고 치더라도, 적어도 150년 가까이 된 강화도 조약은 그 배경과 경과, 결과 및 영향까지도 상세하게 달달 외우면서 지금 당장 우리 삶에 직접적으로 영향을 미치고 있는 파리 기후협약에 대해서는 전혀 모르고 있는 상황은 피해야 하지 않을까요?

16. 지구적으로 사고하고 지역적으로 행동하라!
"기후정의 실현을 위한 재기발랄 지역청년 네트워크 오늘, 잇다"

기후정의 실현을 위한 재기발랄 지역청년 네트워크, 줄여서 기후행동 청년네트워크 '오늘, 잇다'는 2022년 춘천사회혁신센터의 지원을 받아 설립된 강원지역 비영리 스타트업으로 도내 기후행동 커뮤니티를 조직하고 기후위기 문제의 정의로운 해결을 위해 노력하고 있습니다.

지역 청년들과 함께 지역문제를 발굴하고 솔루션을 도출할 수 있도록 지원하는 역할을 하기 위해 성장하는 중입니다. 기존의 방식이 아닌 새로운 방식으로 말이죠.

기후위기는 전 지구적인 문제일 뿐 아니라 무척이나 심각하고 시급한 문제입니다. 과연 해결할 수 있을지 의심마저 들 정도로 거대한 문제이죠.

그런데 우리의 삶과 일상 속에선 전혀 상관이 없는 문제처럼 여겨지는 문제이기도 해요. 더구나 활동가나 전문가들의 말은 너무 어렵고 잘 와닿지 않아요. '기후정의'라는 단어가 대표적이에요. 조금만 들여다보면 그다지 어렵지 않은 말인데도 말이죠.

그래서 우리는 각자의 삶에 더욱 집중하기로 했어요. 누구나 본인이 좋아하는 것 하나쯤은 있을 테니까요. 누군가는 제로웨이스트 용품에 관심이 있을 수도 있고, 일회용품 사용을 줄이는 일에 관심이 있는 사람도 있어요. 텃밭을 가꾸는 일, 캠핑과 등산 등 각종 취미 생활을 즐기죠.

물론 개개인의 소소한 실천이 사회에 좋은 영향은 줄 수 있을지는 몰라도 정작 기후위기를 해결해 주지는 못해요. 아무리 우리가 전기를 아껴 쓰고, 텀블러를 매일 들고 다녀도 동해안에 지어지고 있는 석탄 화력발전소 1기가 들어서 어마어마한 양의 온실가스를 배출해 버리면 아무 소용이 없는 일이 되어버리고 마니까요.

하지만 개인의 실천이 모이면 상황은 달라질 거에요. 단순히 함께하는 것 이상을 말해요. 개인의 관심사와 취미에 기반한 커뮤니티를 운영하다 보면 꼭 공동의 문제가 발생해요. 우리는 그 공동의 문제가 곧 지역의 문제라고 정의하죠.

공동의 문제에 대한 해결책을 찾다 보면 그 자체가 하나의 '기후행동'이 되더라고요.

우리는 크게 2가지 키워드에 집중합니다. 우선 '청년'. 우리는 기후위기의 최전선에 있는 청년 당사자와 함께 합니다. 지금의 기후위기를 유발한 책임이 전혀 없을 뿐아니라 온실가스 배출 책임이 적은 청년들은 앞으로 가장 오랫동안, 점점 더 가혹하게 피해를 받아야 할 당사자죠.

하지만 30년 뒤 우리의 미래를 결정지을 대부분을 결정할 수 있는 권한이 전혀 없어요. 오히려 30년 전부터 지금의 위기를 외면하고 방치해 왔던 사람들에게 더 많은 권한이 주어져 있죠. 그렇기 때문에 지금, 이 순간 청년들의 역할이 더 중요하다고 생각해요. 지금이 아니면 우리의 권리를 되찾을 기회는 없을 테니까요.

두 번째로 집중하는 키워드는 '지역'입니다. 기후위기가 전 지구적으로 문제가 되는 문제이지만 실제로 개개인들이 영향을 미칠 수 있는 영역은 한정적이에요. 그래서 지역에서의 역할이 참 중요해요. 우리가 발붙이고 살아가는 이 공간에서부터 변화를 만드는 일이 시작이자 끝입니다.

그리고 우리는 '청년'과 '지역'을 잇는 역할을 하고 싶어요. 청년들이 살고 싶은 도시, 청년들이 살기 좋은 지역을 만드는 일이기도 하죠. 기후위기의 정의로운 해결을 위해 이리 뛰고 저리 뛰는 청년들이 지역의 문제를 해결하면서 공동체를 이루고 살아가는 일이기도 합니다.

이를 위해서는 '덕업일치'를 실현하는 것이 참 중요하다고 생각해요. 청년 일자리 창출이 특별한 일이 아니라고 생각해요. 청년들이 하고 싶은 일을 마음껏 할 수 있도록 환경을 만들어 주면 됩니다.

그래서 '오늘, 잇다'는 또 한 번 새로운 도약을 준비하고 있어요. 춘천사회혁신센터 비영리스타트업 지원사업 1기 인큐베이팅 과정을 마치고 오는 11월부터 강원 지역 청년 기후위기 활동가 후원 매칭 플랫폼 구축을 위한 후속 사업을 진행할 예정이에요.

기후위기 해결을 위해 활동하는 청년 활동가들과 지역의 후원자들을 매칭하는 작업인데요. 쉽게 말해 청년들이 강원도에서 마음껏 실험하고 시도해 볼 수 있는 환경을 만드는 시도입니다.

본인이 가진 혁신적이고 재기발랄한 아이디어를 적용해 지역문제를 해결하면서도 지역에 정주하여 먹고 살 수 있는 최소한의 여건을 마련해 주자는 구상입니다.

특히, 춘천은 절반 가까운 청년들이 외부에서 유입되는 청년들이에요. '대학교'라는 공간으로 말이죠. 이 좋은 청년들이 다른 곳으로 떠나지 않고 춘천과 강원도에서 지낼 수 있도록 지역사회가 나서서 키워보자는 제안이기도 합니다.

기후위기의 정의로운 해결과 지역문제 해결에 관심이 있는 청년·대학생이거나 지역의 청년들을 기꺼이 키워내 보고자 하는 마음이 있는 후원자가 계신다면 주저하지 마시고 언제든지 연락주세요!

[에필로그] 켜켜이 쌓인 글똥을 끝까지 읽은 당신에게 보내는 글

『서른 즈음, 어른이란 길목에서』는 이번 '서른 즈음 당신의 이야기가 책으로' 프로젝트를 함께 하면서 새로 쓴 글들도 있지만 대부분은 틈틈이 조금씩 써 둔 글똥들의 모음집입니다.

『글똥누기』란 아이들을 가르치는 이영근 선생님께서 글(글쓰기)과 똥(똥 누기)을 더해 만들어 낸 조어입니다. 글쓰기와 똥 누기는 닮아있어요. 좋은 똥을 누려면 잘 먹어야 하고, 좋은 글을 쓰려면 잘 살아야 하죠.

선생님은 그의 책에서 "억지로 똥을 누는 것이 힘들듯, 학생들에게 억지로 글을 쓰게 한다는 것은 힘든 일이다. 반면 똥이 누고 싶을 때는 쉽게 눌 수 있다. 글쓰기도 그래야 한다. 억지로 쓰게 할 게 아니라 하고 싶은 말이 있을 때 쓸 수 있도록 해야 한다."라고 말씀하십니다.

아이들이 억지로 쓴 글은 감동을 주지 못하지만 솔직하게 쓴 글은 감동을 주죠. 제대로 만든 똥을 제대로 누는 것이 가장 좋듯이 글똥누기도 그렇습니다. 가치 있게 살고 그 삶은 글로 제대로 써서 가치 있는 글이 되면 가장 좋습니다.

지난 30년간의 쌓아 놓은 글똥은 앞으로 30년을 고민할 수 있는 밑거름이 되어 주리라 생각합니다. 앞으로 30년 동안 써 나아갈 글똥이 가치 있기 위해, 오늘도 나의 삶이 가치 있었는지를 점검해 봅니다.

『서른 즈음, 어른이란 길목에서』는 춘천문화재단 문화도시 춘천 동네지식인과 나길경험학교의 한 달간의 프로젝트로 만들어졌어요. 한 달간 새로 글을 쓰고 편집과 디자인까지 모두 갈무리하려다 보니 세상에 내놓기 참 부끄러운 완성품이 나오더군요.

1부는 지난날 사랑과 삶 그리고 사람을 궁구하며 써 내려간 시들을 모았어요. 2부는 흔히 민중시, 투쟁시라고 불리우는 시들을 모았어요. 현장에서 느꼈던 감정과 생각들을 정리했습니다.

이번 프로젝트를 통해 새로운 도전을 해볼 수 있었어요. 3부 '서른 즈음, 인생길을 따라 걷다'를 쓰면서 잠시 걸음을 멈추고 지난 30년간의 인생을 돌아볼 수 있었어요. 처음 생각했던 에피소드의 절반도 글로 쓰지 못했지만요.

4부 '우리에게 한국의 그레타 툰베리를 필요 없어요'는 기후정의 활동가로 살면서 틈틈이 적어두었던 내용들을 엮었어요. 두서없이 써놓은 글이라 다시 다듬을 필요는 있어 보이지만 다시 읽으면서 초심을 되돌아보고 활동을 하면서 고민했던 시간들을 정리할 수 있었어요.

또 하나, 기후정의 실현을 위한 재기발랄 지역청년 네트워크 '오늘, 잇다'는 출판사 등록을 마쳤어요. 그리고 그 첫 출판은 공교롭게도 제 글똥모음이 되어버렸죠. 앞으론 독립출판을 하고 싶은 청년들의 예술 활동을 지원하고 지역에서 활동하는 재기발랄한 청년들의 이야기를 담아낸 책을 주로 세상에 내놓고 싶어요. 이번 프로젝트가 아니었다면 엄두도 못 내었을 일이죠.

사실 『서른 즈음, 어른이란 길목에서』는 완성품이 아니에요. 서른이라는 길목에 서 있는 제 모습처럼 말이죠. 오늘, 에필로그의 끝맺음을 맺지만, 내일은 또다시 새로운 글똥을 만들기 위해 살아가겠지요.

어른이 된다는 건, 가치 있는 삶을 사는 사람을 말해요. 물론 가치 있는 삶이란 사람마다 다른 기준을 갖고 있을 테지만, 살면서 한 번쯤 스쳐 지나갔을 때 사람의 향기가 나는 사람들이 있어요.

그렇게 누군가의 삶에 살며시 스며들어 따스한 여운을 주는 사람들 말이에요. 여러분은 어떤 어른이 되고 싶으신가요?

서른 즈음, 어른이란 길목에서

초판 1쇄 발행 2022년 11월 24일
-
지은이 김하종
-
펴낸이 김하종
펴낸곳 오늘, 잇다
주소 강원도 춘천시 공지로 255 커먼즈필드 춘천 2층 비영리스타트업
　　　전용공간 오늘, 잇다
전화 010-3900-0428
전자우편 connect.today22@gmail.com
출판등록 2022년 10월 28일(제210-82-87949호)
-
ISBN 979-11-980773-0-1 03300
-
책값은 뒤표지에 있습니다.
잘못된 책은 구입하신 곳에서 교환해드립니다.